AF389570

1055

23858

Paris
Clergé
procès du chapitre (N. D.)

23,858

REQUÊTE

AU ROI

ET A NOSSEIGNEURS DE SON CONSEIL,

POUR les DOYEN, CHANOINES ET CHAPITRE de l'Eglife Métropolitaine de Paris;

CONTRE *le Sieur* INSPECTEUR-GÉNÉRAL *du Domaine de la Couronne.*

A PARIS,

De l'Imprimerie de la Vᶜ HERISSANT, Imprimeur du Chapitre de l'Eglife de Paris, rue Neuve Notre-Dame, à la Croix d'or.

M. DCC. LXXXVI.

TABLE

DES MATIERES.

AU ROI

ET

A NOSSEIGNEURS DE SON CONSEIL.

SIRE,

LES DOYEN, Chanoines & Chapitre de l'Eglise Métropolitaine de Paris;

CONTRE le sieur Inspecteur - Général du Domaine de la Couronne ;

REMONTRENT TRÈS-HUMBLEMENT à Votre Majesté & à Nosseigneurs de son Conseil, qu'ils n'ont pu voir qu'avec surprise, la signification qui leur a été faite, le 5 du mois de Décembre dernier, d'un Arrêt du Conseil du 25 Octobre précédent, rendu sur la Requête non communiquée du

A

ſieur Inſpecteur-Général du Domaine, & par lequel
« Sa Majeſté a déclaré & déclare le terrain du Cime-
» tiere des Saints Innocens, faire partie du Domaine de
» la Couronne; ordonne, en conſéquence, que ledit
» terrain ſera & demeurera réuni au Domaine, du jour
» de l'Arrêt, pour être régi & adminiſtré par François
» Meliin, chargé de la régie des Domaines de Sa Ma-
» jeſté, ou être employé à tel objet d'utilité publique
» qu'il appartiendra ».

Quels ſont donc les titres rapportés par le ſieur Inſpecteur-Général du Domaine, pour faire ordonner ſi
ſubitement cette réunion? Il n'en a produit aucun; il n'a
fait que citer des paſſages équivoques, qui ſe ſont trouvés dans quelques Ecrivains modernes, & qui s'éclair-
ciſſent, ſans peine, par les ſources où ces Ecrivains ont
puiſé ou dû puiſer.

A Dieu ne plaiſe que les Supplians méconnoiſſent
cet eſprit de conſeil & d'équité, par lequel le Souverain
veut toujours que les effets de ſa puiſſance ne ſoient que
les fruits de ſa juſtice ! Dès les temps les plus anciens,
le Chapitre de Saint Germain-l'Auxerrois étoit publiquement reconnu Propriétaire foncier & Seigneur direct de
tous les terrains que comprennent le Cimetiere & les
Charniers des Saints Innocens, lorſque le Chapitre de
l'Egliſe de Paris lui a été ſubrogé dans tous ſes
droits.

Et ce ne ſont pas de ſimples citations hiſtoriques qui
juſtifient cette propriété fonciere, cette Seigneurie directe ; ce ſont des monumens auſſi anciens qu'authenti-

ques; c'eſt une ſuite non interrompue d'actes poſſeſ-
ſoires ; ce ſont des Arrêts ſolemnels émanés tant du
Conſeil même de Sa Majeſté , que du Parlement ; ce ſont
des Déclarations ſolemnellement faites, en vertu d'Arrêt
du Conſeil & de Lettres-Patentes, au Terrier du Roi pour la
Ville de Paris, & reçues contradictoirement avec le Procureur du Roi, en la Chambre du Domaine & du Tréſor ;
c'eſt un procès-verbal de bornage, dreſſé en préſence du
même Officier , par la même Chambre ; ce ſont les
Armoiries du Chapitre de Saint Germain, qui atteſtent
encore aujourd'hui ſa propriété & ſeigneurie ; ce ſont
les dédommagemens donnés en exécution des Arrêts du
Conſeil, & qui continuent d'être à la charge des Supplians ; ce ſont, enfin, tous les titres publics, tous les
titres particuliers, avec la poſſeſſion la plus inébranlable,
qui aſſurent les droits du Chapitre de l'Egliſe de Paris,
& qui, pour ainſi dire, élevent, de toute part, une voix
éclatante contre la prétention du ſieur Inſpecteur-Général
du Domaine.

Voilà ce qui détermine, ce qui néceſſite la réclamation
des Supplians.

Pour en établir la juſtice avec ſolidité , ils vont expo-
ſer d'abord les faits & les titres qui juſtifient les droits
& la poſſeſſion qu'ils ont, comme étant ſubrogés au Chapitre de Saint Germain-l'Auxerrois, pour la propriété fonciere & la ſeigneurie directe des terrains du Cimetiere
& des Charniers des Saints Innocens. Ils démontreront
enſuite, que, d'après tous les principes & toutes les
loix, cette poſſeſſion, fût-elle leur ſeul titre, doit les

Diviſion générale
de la Requête.

A ij

faire maintenir dans leurs qualités & leurs droits de Seigneurs directs & de Propriétaires fonciers de ces terrains.

La cause du Chapitre de l'Eglise de Paris devient celle de tout le Clergé du Royaume, par les suites qu'elle pourroit avoir. Les discussions où il est nécessaire d'entrer, soit dans l'ordre des faits, soit dans celui des principes, prouveront, jusqu'au plus haut degré d'évidence, que c'est en même temps la cause des loix.

F A I T S.

Division particuliere des faits en trois classes.

Pour exposer les faits avec plus d'ordre & de clarté, on croit devoir les diviser en trois classes.

Dans la premiere, on rappelera l'état primitif de l'Eglise de Saint Germain-l'Auxerrois, & les droits généraux qu'elle avoit sur ce qui formoit son territoire.

Dans la seconde, on rendra compte des titres qui prouvent que le Chapitre de l'Eglise de Paris, comme subrogé aux droits de celui de Saint Germain, a la possession la plus ancienne & la plus constante de la propriété fonciere & de la Seigneurie directe, sur les terrains du Cimetiere & sur les Charniers des Saints Innocens.

Dans la troisieme, on retracera ce qui a donné lieu à l'Arrêt du 25 Octobre 1785, contre lequel les Supplians sont forcés de réclamer par la voie d'opposition.

PREMIERE CLASSE DE FAITS,

Concernant l'état primitif de l'Eglise de Saint Germain-l'Auxerrois, & les droits que cette Eglise avoit sur ce qui formoit son territoire.

Les Ecrivains qui ont recherché les antiquités de Paris, font voir unanimement que l'Eglise de Saint Germain-l'Auxerrois est une des plus anciennes Eglises de cette Ville ; qu'elle doit même être regardée comme la premiere, ou du moins comme la seconde, après la Cathédrale ; qu'elle existoit, dès le sixieme ou le septieme siecle, & que dès-lors elle avoit un Clergé qui lui donnoit le rang d'Eglise Canoniale.

Sans s'arrêter plus long-temps à considérer l'état primitif de cette Eglise, sur lequel on peut consulter du Bois, dans l'Histoire de l'Eglise de Paris, tome premier ; Felibien, dans celle de cette Ville ; l'Abbé le Beuf, tome premier, chapitre 2, pages 36, 49, 51, 54 & 56 ; & Jaillot, tome 2, *Quartier du Louvre*, page 23 & suivantes ; il suffira d'observer, avec ces Auteurs, que l'Eglise de Saint Germain-l'Auxerrois eut, dès le commencement, un territoire fort étendu ; qu'étant desservie par un Clergé nombreux, & qui, sous Charlemagne, avoit le premier rang après l'Abbaye de Saint Denis, suivant l'énumération faite, en l'an 811, des Eglises qui devoient députer à l'anniversaire d'Etienne, Comte de Paris, le jour que cet anniversaire étoit célébré à la Cathédrale, elle étoit devenue la premiere Eglife Paroiffiale , après l'Eglife Cathédrale, qui, originairement, étoit la Paroiffe de toute la *Cité* ; qu'étant à la fois Eglife Canoniale & Paroiffiale, elle prit le foin des ames, d'abord par fa Communauté de Clercs ou fon Chapitre, & enfuite par fon Doyen, dans toute l'étendue de fon territoire qu'on appeloit le Bourg de Saint Germain ; & qu'enfin , ayant tous les attributs, tous les droits de Paroiffe, elle eut néceffairement un Cimetiere qui ne pouvoit avoir été formé que fur un emplacement appartenant à fon Clergé.

Ce Cimetiere, qui fut d'abord celui de la Paroiffe de Saint Germain-l'Auxerrois , devint naturellement le Cimetiere des autres Paroiffes établies par des démembremens fucceffifs.

Et, en effet, le territoire de l'Eglife Collégiale & Paroiffiale de Saint Germain-l'Auxerrois, s'étant peuplé de proche en proche, fe trouvoit trop étendu pour une feule Paroiffe. Il y eut d'abord des Chapelles fuccurfales. Telle étoit celle de Sainte Agnès , aujourd'hui l'Eglife Paroiffiale de Saint Euftache : telle celle de la Tour, aujourd'hui l'Eglife Paroiffiale de Saint Sauveur : telle celle des cinq Plaies , aujourd'hui l'Eglife Paroiffiale de Saint Roch : telles plufieurs autres qui font également parvenues au grade d'Eglife Paroiffiale , comme celle de Sainte Opportune & celle des Saints Innocens.

Le Chapitre de Saint Germain exerçoit les principaux droits, foit par lui-même , foit par fon Doyen, dans ces diverfes Chapelles. C'eft ce qu'on voit, pour ce qui concerne la Chapelle de Sainte Agnès, par une Sentence arbitrale du mois de Février 1213, prononcée par l'Abbé de Sainte Geneviéve & le Doyen de Chartres, arbitres entre le Doyen de l'Eglise de Saint Germain - l'Auxerrois, & le Chapitre de cette Eglise, & rapportée au premier cartulaire du Chapitre de l'Eglise de Paris, *folio 53 verso*. C'est ce qu'on voit aussi, pour la Chapelle de la Tour, ainsi que pour la même Chapelle de Sainte Agnès, tant par une autre Sentence arbitrale du mois de Décembre 1216, rendue par Pierre de Nemours, alors Evêque de Paris, & par le Doyen de Saint Marcel, & aussi rapportée au deuxieme cartulaire du Chapitre de Paris, *folio 55 verso*, que par un Statut du Chapitre de l'Eglise de Saint Germain-l'Auxerrois, du mois de Juin 1303, lequel se trouve au même cartulaire, *folio 36 verso*, & par un jugement arbitral de Rainaud, Evêque de Paris, du mois de Mars 1254, lequel est au premier cartulaire ci-dessus énoncé, *folio 91 verso*. C'est ce qu'on verroit, enfin, pour les autres Chapelles succursales qui ont été élevées au rang d'Eglise Paroissiale, si l'on vouloit examiner les anciens titres qui les regardent.

Il arriva delà, que l'Eglise de Saint Germain-l'Auxerrois devint l'Eglise matrice de celles qui en furent démembrées. Et ce qui mérite une attention plus particuliere, comme la plupart de ces Eglises, qui étoient, pour ainsi dire, les filles de celle de Saint Germain, n'eurent d'autre Cimetiere que celui qu'elles avoient n'étant encore que de simples succursales, savoir, l'ancien Cimetiere de l'Eglise mere, elles se soumirent envers elle, quand elles furent érigées en Eglises Paroissiales, à la reconnoître toujours comme feule propriétaire de ce Cimetiere, & à lui payer ou à lui laiffer payer par ceux qu'elles comptoient parmi leurs Paroiffiens , les droits de fépulture & d'inhumation, fans y rien prétendre.

Ce n'eft point affez ; lorfqu'il a été permis à des Communautés établies dans le territoire de l'Eglife de Saint Germain , d'avoir des Cimetieres , ces Communautés ont été affujéties à reconnoître le Droit primitif de cette Eglife , par quelque redevance. C'eft ainfi que quand Pierre de Nemours, Evêque de Paris , accorda un Cimetiere à l'Hopital des pauvres Ecoliers de Saint Nicolas du Louvre, ce fut fous la condition, que cette conceffion ne porteroit pas préjudice au Droit de l'Eglife Paroiffiale de Saint Germain-l'Auxerrois, *falvo jure Parochiali Ecclefiæ Sancti Germani Autiffiodorenfis* , comme le remarquent les Auteurs du *Gallia Chriftiana*, à l'article de Garnier, *Garnerus* , Xe Doyen, page 257. C'eft encore ainfi , que lors de la fondation de l'Hôpital des Quinze-Vingts, cet Hôpital fe foumit à payer une redevance annuelle de 10 liv. au Chapitre de Saint Germain, pour marque de la permiffion que ce Chapitre lui avoit accordée d'avoir un Cimetiere particulier & des Cloches.

C'étoit donc une fuite néceffaire de l'état de l'Eglife de Saint Germain-l'Auxerrois, qui , dès les premiers temps, fut Eglife Paroiffiale en même-temps que Collégiale, que cette Eglife eut un Cimetiere pris fur le domaine de fon Chapitre, & que ce Cimetiere ne ceffât point de lui appartenir , & d'être publiquement reconnu comme lui appartenant.

Et ce ne font pas ici de fimples préfomptions. Rigord,

qui

qui vécut fous le regne de Philippe Augufte , attefte ,
dans fes Annales , *de geftis Philippi Augufti* , que le Cimetiere des Saints Innocens exiftoit , de temps immémorial ; qu'il n'avoit pas , à la vérité , une clôture fuffifante , & que c'eft la raifon pour laquelle Philippe Augufte ordonna qu'il fût mieux fermé ; mais que dès-lors
il formoit un grand Cimetiere dans lequel repofoient
des milliers de corps : *Perlatum eft ad aures ejus verbum*
de Cimeterio quod in campellis eft juxtà Ecclefiam Sancti
Innocentii , reparando : Cimeterium enim illud antiquitùs
fuerat platea grandis omnibus tranfeuntibus pervia , & ven-
dendis mercibus expofita , ubi Cives Parifienfes mortuos fuos
fepelire cônfueverant . . . . Cimeterium in quo tot millia
virorum fepulta jacebant.

Si donc les Supplians ne rapportent point le titre primitif du Chapitre de Saint Germain - l'Auxerrois , pour
la propriété fonciere & la Seigneurie directe fur l'emplacement du Cimetiere & des Charniers des Saints Innocens , c'eft parce que , dans une fi haute antiquité , il
eft impoffible de retrouver ce titre. Qui ne fait que la
plupart des Archives de ces temps où le Gouvernement
Féodal fe forma & livra les Eglifes aux hoftilités , furent emportées par le torrent des viciffitudes ? Jaillot ,
tome II , Quartier du Louvre , page 34 , obferve , « qu'en
» particulier , l'Eglife de Saint Germain fe reffentit de
» la fureur des Normands ; qu'ils ne l'épargnerent qu'au-
» tant qu'elle leur fut utile , pour s'y défendre ; qu'ils
» la fortifierent en conféquence , en l'environnant d'un
» foffé dont on retrouve la trace dans la rue à laquelle
» on en a donné le nom ; que lorfqu'ils furent obligés

B

» de quitter Paris , ils la détruifirent , & que fuivant
» Helgaud, Moine de Fleury , le Roi Robert la fit
» rebâtir ».

Ainfi , le titre conftitutif des droits du Chapitre de Saint Germain-l'Auxerrois , fur les terrains du Cimetiere des Saints Innocens, ne s'annonce , il eft vrai , que par les veftiges qui s'apperçoivent à travers l'obfcurité de tant de fiecles ; Mais le jour pénetre ces ténebres , par la lumiere des âges qui ont fuivi , & dont les monumens ont été mieux confervés.

Et d'ailleurs , tout fe réunit pour exclure jufqu'à l'idée de la Domanialité royale , fur les terrains dont il s'agit.

Le vafte territoire de l'Eglife de Saint Germain-l'Auxerrois fut couvert de Fiefs particuliers & de Cenfives éparfes, par l'introduction de la Féodalité qui , comme un torrent , fe répandit fur tous les domaines , fur tous les fonds , fur tous les héritages.

1°. Le Chapitre de cette Eglife avoit un Fief principal qui venoit , à ce qu'il paroît , de fon plus ancien domaine, *terra Sancti Germani*, & qui , par l'impreffion du mouvement général de la Féodalité , avoit pris fa forme & fa confiftance , dès la naiffance des Fiefs.

Ceft à raifon de ce fief dénommé Fief de Saint Germain, & qui avoit beaucoup de branches , que le Chapitre avoit la propriété fonciere & la Seigneurie directe de tout fon enclos ou Cloître , & que fa cenfive s'étendoit fur ce qui fait aujourd'hui les rues des Foffés-Saint-Germain, d'Avron, de Jean-Tifon , des Poulies , de Bailleul ; fur une partie des terrains qui forment les rues de l'Arbre-fec , Baillet, des Deux-Boules , de Saint-Germain ; fur le Quai de la

Mégisserie ; sur l'emplacement de la Chapelle de Saint Leufroy & du voisinage ; sur des parties de terrains où sont les rues des Lavandieres , de la Vannerie, de la Coutellerie, Gervais-Laurent, Perrin-Gasselin , & jusqu'aux lieux où se trouvent le Port de Saint-Landry , & la rue du Roi de Sicile , & en particulier , sur les terrains du Cimetiere des Saints Innocens.

Il paroît que le Chapitre de Saint Germain avoit encore d'autres Fiefs , avec droits de Censive , tels que celui de *Torval* , du côté de Chaillot , celui de *Monmoyen* , sis vers Montmartre & les Porcherons , & celui des *Masures Saint-Germain* , situé vers la Villette.

2°. L'Eglise de Paris avoit , dans le même territoire, des Droits Féodaux & Censuels assez considérables. C'est ce qui résulte de la fameuse Chartre appelée *la Chartre d'Association*, de l'an 1136, par laquelle Etienne, Evêque de Paris, traitant avec Loüis VI, dit *le Gros* , associa ce Prince à la jouissance des Droits Seigneuriaux qui appartenoient à cette Eglise, dans un lieu qui faisoit partie du territoire de celle de Saint Germain-l'Auxerrois , ou qui du moins en étoit voisin. C'est ce qui résulte plus clairement encore , de la Chartre en forme de transaction , faite en 1222 , & par laquelle on voit que les Halles étoient originairement du domaine de l'Eglise de Paris, & qu'elles ne furent délaissées à Philippe Auguste , par l'Evêque & par le Chapitre , que moyennant une redevance fonciere, *pro quittatione Halarum quam nobis & hæredibus nostris*, dit ce Prince, (*Episcopus & Capitulum*) *fecerunt . . . . dedimus & assignavimus Episcopo & successoribus ejus in perpetuum, in Præpositurâ nostrâ*

Fiefs de l'Eglise de Paris.

B ij

Parifienfi, viginti libras Parifienfes fingulis annis percipien-
das , in fefto omnium Sanctorum.

On trouve ces Chartres dans l'Hiftoire de l'Eglife de
Paris , *tome II , page* 272 , ainfi que dans les Cartu-
laires & les Archives du Chapitre de cette Eglife.

Autres Fiefs &
Cenfives apparte-
nans à d'autres Sei-
gneurs, dans le même
territoire.

3°. Si l'on en juge par l'interprétation affez arbitraire
faite par quelques-uns, d'un diplôme du Roi Louis VII
dit *le jeune* , de l'an 1137 , rapporté dans l'ouvrage de
Dom Félibien , tome III , premier *des preuves & pie-*
ces juftificatives , page 53 , le Prieuré de Saint Denis de
la Chartre auroit eu auffi une directe dans le même territoire. Ce diplôme porte que le lieu où Louis VI avoit
établi un marché pour les Changeurs & les Merciers ,
étoit dans la *Cenfive* de ce Prieuré , & que le Roi
doit à ce même Prieuré , cinq fols de Cens , pour cet
établiffement : *Infuper quinque folidos quos ego debeo de*
Cenfu , Ecclefiæ Sancti Dyonifii (de Carcere) de terrâ
quæ eft in CAMPIAUX in quâ Pater meus ftabilivit
novum forum ubi habent locum Venditores Mercium & pars
cambiatorum. C'eft de cette défignation , *in Campiaux ,*
qu'on infere que ce nouveau marché fut établi dans les
Champeaux. Mais le mot *Campiaux* n'auroit-il pas été mis
pour celui de *Cambio ,* qui femble fe rapporter à celui
de *Cambiatorum* ?

Au furplus, le titre, comme il eft évident, prouve
que la Cenfive fur le terrain dont il s'agit , en quelque endroit qu'il fût fitué , appartenoit au Prieuré de
Saint Denis de la Chartre. Et l'on ajoutera que , fuivant les autorités rapportées ou citées par Dom Félibien ,
tom. I, pages 125 & 157 ; & par Jaillot , Quartier de la

Cité, pag. 69 & suivantes, ce Prieuré n'est pas un démembrement de celui de Saint Martin-des-Champs, mais
qu'il fut réuni à ce dernier, par échange de l'Eglise &
des dîmes de Montmartre, que les Religieux de Saint
Martin-des-Champs cédèrent à Louis le Gros, en faveur
de l'Abbaye de filles, fondée par la Reine Adélaïde,
épouse de ce Prince.

4°. Le Prieuré de Saint Martin-des-Champs, avoit aussi
sur le même territoire, dans la rue dite alors la rue
des Juifs (remplacée aujourd'hui par la rue de la Friperie)
un four désigné dans tous les titres de ce Prieuré, sous
le nom *de fief de la Rapée*, comme le rapporte Jaillot,
Quartier des Halles, page 31, tom. *II*.

5°. Il existe, dans la rue de la Fromagerie, un fief
nommé le fief d'*Hallebick*, dont l'Hôtel - Dieu de Paris
étoit propriétaire en 1651. C'est encore ce qu'observent
Jaillot, *Quartier des Halles*, pag. 25, & Sauval, *Tom. II*,
pag. 428, *in fine*.

6°. Le Roi Philippe VI, dit *de Valois*, acquit, en
1330, moyennant 1025 l., le fief de *Therouenne*, sis aux
Halles, duquel fief dépendent les maisons de la rue de
Therouanne, qui va, d'un côté, aux piliers des Halles ;
de l'autre, à la petite rue de la Truanderie, & à celle
de Mondetour, ainsi que les maisons de la rue de la Chan-
verrerie, suivant le même Jaillot, *Quartier des Halles*,
pag. 4 & 5, & pag. 34 & 35.

Sauval, tome II, page 427, dit que le fief de Therouanne . . . . . s'étend, d'un côté, tout le long de la
rue, jusqu'à la porte Saint-Denis, depuis le coin de la
rue du *Foirre* (aux Fers) près les Innocens, jusqu'à la

porte *Saint-Denis* ; de l'autre côté, le long des Halles, en obfervant que les Procureur & Principal du College de Maître Gervais Chreftien, en l'Univerfité de Paris, font Seigneurs en partie de ce Fief.

Sauval parle encore de ce même fief, *tome* 2, *titre* 8, *page* 417, en remarquant qu'à l'époque de l'acquifition faite par Philippe de Valois, il étoit dans la mouvance du Comte de Damartin.

On trouve auffi, dans le petit Cartulaire de l'Evêché de Paris, confervé en la Bibliotheque du Roi, fous le N°. 5526, des actes defquels il réfulte que ce Fief de Therouanne relevoit anciennement de l'Evêque de Paris.

7°. Suivant Jaillot, *Quartier des Halles*, tome 2, *pages* 31 & 32, à l'article *rue de Mondetour*, l'Abbé de Livry a un fief ou une cenfive, dans cette rue.

8°. Sauval, *tom. II, pag.* 418 & 419, à l'article des Fiefs dépendans de l'Archevêché, compte au nombre de ces Fiefs, *le Fief de la Trimoille*, fitué, rue des Bourdonnois, & le Fief *de Tire-Chape*, fitué dans la rue de ce nom.

9°. le même Auteur, *ibidem*, cite encore *le Fief de Poiffy*, comme appartenant aux Chartreux, fous les piliers de la Tonnellerie.

10°. Enfin, à la *page* 426, il parle du franc *Fief* de *Joigny*, qui s'étend fur deux maifons affifes rue . . . . jufqu'au coin de la rue Mauconfeil, vers les Halles, & fur toutes les maifons fituées en cette rue, auffi vers les Halles, à commencer au coin des rues Comteffe-d'Artois & de Mauconfeil.

Ce Tableau de Fiefs répandus fur l'ancien territoire de l'Eglife de Saint-Germain-l'Auxerrois, & finguliérement dans les parties voifines du Cimetiere des Saints Innocens, fait voir que les Champeaux, s'ils étoient dans ce territoire, n'étoient pas originairement du domaine royal, puifque ce que nos Rois y ont poffédé depuis, confifte en Fiefs particuliers, & en divers droits qu'ils ont acquis des anciens Seigneurs.

Ainfi, à confidérer l'état originaire des chofes, foit par rapport à l'inftitution du Cimetiere des Saints Innocens, foit relativement à l'ordre des poffeffions dans le territoire où ce Cimetiere étoit fitué, on fe perfuade deux points; l'un, que les terrains de ce Cimetiere fe trouvoient dans la propriété fonciere & dans la directe du Chapitre de l'Eglife de Saint Germain, n'y ayant furtout aucun autre Fief que celui de ce Chapitre, dans lequel ces terrains fuffent compris; & l'autre, que nos Rois non-feulement n'ont jamais eu dans leur domaine, l'emplacement du même Cimetiere, mais encore que les acquifitions par eux faites, dans le voifinage, outre qu'elles font poftérieures à l'établiffement de ce Cimetiere, ne fe font pas étendues fur les terrains qu'il occupe; de forte que, comme on l'a dit, tout en exclut, jufqu'à l'idée de la Domanialité royale.

Cette premiere claffe de faits n'eft fans doute encore qu'un apperçu des droits du Chapitre de Saint Germain; mais cet apperçu va devenir une démonftration par les faits de la claffe fuivante.

SECONDE CLASSE DE FAITS,

Concernant la Possession immémoriale du Chapitre de Saint Germain, pour la propriété fonciere, & la Seigneurie directe sur les terrains du Cimetiere des Saints Innocens.

Les faits de cette seconde Classe établiront démonstrativement, que le Chapitre de Saint Germain avoit la possession la plus ancienne & la plus constante de la propriété fonciere & de la Seigneurie directe des terrains du Cimetiere, ainsi que des Charniers des SS. Innocens.

On pourroit d'abord faire valoir ce qui résulte d'une transaction passée, en l'an 1224, entre le Doyen & le Vicaire perpétuel de l'Eglise de Saint Germain l'Auxerrois, & confirmée depuis, par des Arrêts du Parlement, des 1 Avril 1559, & 10 Mars 1573. Il est dit dans cet acte, que le droit d'instituer & de destituer *les Fossoyeurs*, appartient au Doyen de Saint Germain, suivant l'usage établi ; *Fossarios Decanus & ejus successores instituent & destituent, prout est hactenùs observatum* ; ce qui annonce que le droit de propriété du Chapitre sur l'emplacement du Cimetiere, étoit alors reconnu, depuis long-temps.

On pourroit encore tirer avantage d'une Sentence du Prévôt de Paris, du 23 Décembre 1371, & d'un Arrêt confirmatif de cette Sentence, en date du 29 Janvier 1372, pour l'établissement de l'ancienne possession du Chapitre de Saint Germain. Mais il suffira de rapporter les titres les plus importans & les plus décisifs,

qui

qui font en originaux, dans les Archives du Chapitre de l'Eglife de Paris.

Et, pour les préfenter avec plus d'ordre & de clarté, on en diftinguera trois efpeces.

La premiere efpece comprendra les titres par lefquels on voit que le Chapitre de Saint Germain a fait acte de Propriétaire foncier & de Seigneur direct des terrains du Cimetiere & des Charniers des Saints Innocens.

La feconde efpece fera celle des titres par lefquels la propriété fonciere & la feigneurie directe du Chapitre de Saint Germain, fur ces terrains, ont été reconnues.

La troifieme efpece contiendra la fuite des Jugemens, Arrêts & autres Actes qui ont mis aux titres ci-deffus, le fceau de l'exécution la plus folemnelle.

Les titres de la premiere efpece font pofitifs.

Le premier, en date *du 18 Avril 1449, eft la conceffion faite par le Doyen & le Chapitre de l'Eglife Collégiale de Saint Germain-l'Auxerrois, à la Confrérie de la Trinité, fondée dans l'Eglife des Saints Innocens*, d'une place fous les Charniers, comme étant *dans le domaine & la cenfive de ce Chapitre*, & ce, pour fervir à l'ufage de cette Confrérie ; *Decanus & Capitulum Ecclefiæ Collegiatæ Sancti Germani Autiffiodorenfis Parifienfis, in giro feu circuitu Charneriorum Cimeterii dictæ Ecclefiæ Sanctorum Innocentium, IN DOMINIO ET CENSIVA NOSTRIS CONSISTENTIUM ;..... attamen, QUIA CHARNERIA ET CIMETERIUM HUJUSMODI IN DOMINIO AC CENSIVA NOSTRIS, UT DICTUM EST, CONSISTERE DIGNOSCUNTUR, bene vellent dicti Magiftri Fratres & Gubernatores noftrum confenfum pariter & affenfum in præmiffis*

C

de cætero peragentes intervenire &c. On voit par ces expreffions, & par toutes les claufes de l'Acte, que le
Chapitre de Saint Germain-l'Auxerrois, étoit publiquement reconnu pour Seigneur direct & Propriétaire foncier des terrains du Cimetiere & des Charniers dont il
s'agit.

Deuxieme Titre.

Arrêt du 9 Août 1567 qui déclare le Chapitre de Saint Germain, Seigneur foncier du Cimetiere & des Charniers des Saints Innocens.

Le deuxieme titre eft d'autant plus confidérable, qu'il
prouve que la poffeffion du Chapitre de Saint Germain-
l'Auxerrois a été éprouvée par la contradiction.

La Sentence du Prévôt de Paris, du 23 Décembre 1371,
avoit excité la réclamation du Chapitre de Saint Germain-
l'Auxerrois. Les Marguilliers de la Paroiffe des Saints
Innocens ayant renouvellé leurs prétentions, en divers
temps, *pour raifon des Droits, Prérogatives & Préémi-
nences des Cimetiere & Charniers des Saints Innocens,
Croix, Tombes, Epitaphes, & Bâtimens étant fur lefdits
Charniers*, il s'étoit écoulé près de deux fiecles, au milieu de ces débats. Enfin, les Parties fe rapprochèrent,
&, fur leurs demandes refpectives, oüi *fur ce le Procureur-Général du Roi*, il fut rendu, le 9 Août 1567, au
Parlement de Paris, un Arrêt par lequel cette Cour a
ordonné & ordonne, que « *lefdits du Chapitre de Saint
» Germain font & demeureront Seigneurs fonciers des Ci-
» metiere & Charniers defdits Saints Innocens, enfemble
» des lieux qui feront baillés auxdits Marguilliers, Œuvre
» & Fabrique, ci-après mentionnés, en telle Poffeffion &
» Saifine que lefdits du Chapitre ont été, de tout temps
» immémorial ; & en figne de reconnoiffance de ce, lef-
» dits Marguilliers, Œuvre & Fabrique feront tenus,*

» dorénavant ; & les a ladite Cour condamnés &
» condamne bailler & payer à l'avenir par chacun an
» auxdits du Chapitre , au jour de Noël , 12 *deniers*
» *Parisis de Cens*, & 4 *sols Parisis de rente, en fonds de*
» *terre non-rachetable*, &c. »

Les autres difpofitions de l'Arrêt font la fuite ou la
conféquence des précédentes.

Tel fut le réfultat des anciennes conteftations qui s'é-
toient élevées, en 1371.

Troifieme Titre.

Conceffion faite par le Chapitre de Saint Germain à la Fabrique des Saints Innocens.

Le troifieme titre, en daté *du 5 Mars* 1574, eft une
conceffion faite par le Chapitre de Saint Germain-l'Auxerrois , « *aux Marguilliers de la Paroiffe des Saints Innocens,*
» *pour, fuivant l'Arrêt de réglement donné entre lefdits*
» *fieurs de Saint Germain & lefdits Marguilliers, leur per-*
» *mettre de prendre aux Charniers* étant au-deffus de la
» boutique du fieur Seirolle , une allée pour lui fervir
» d'entrée efdites chambres, du côté de la rue aux Févres
» (Fers). . . . . à la charge que lefdits Marguilliers
» & leurs fucceffeurs & autres qui par ci-après occupe-
» roient ladite Allée & Chambres, feroient tenus, chacun
» d'eux feul & pour le tout , ... *faire & re-*
» *couvrir ledit Charnier* bien & duement de ce qui étoit
» néceffaire . . . . & outre, *de payer & continuer*
» auxdits fieurs du Chapitre , & à leurs Succeffeurs, Pro-
» cureurs & Receveurs, ou au porteur des préfentes ,
» pour eux dorénavant, par chacun an, au jour &
» fête de Noël . . . . . . 12. *deniers Parisis de cens*, &
» *4 fols Parisis de rente fonciere & Seigneuriale*, fuivant

C ij

» les autres places accordées par *ledit arrêt*, à pareils droits
» & devoirs, & aux mêmes charges, &c.

Quatrieme Titre.

Autre Conceſſion à la même Fabrique.

Le quatrieme titre, *du 29 Mars 1583*, eſt une per-miſſion accordée par le Chapitre de Saint Germain-l'Auxer-rois, *aux Marguilliers de la Paroiſſe* des Saints Innocens, de faire bâtir une montée, ſous les Charniers, moyen-nant *4 ſols Pariſis de rente fonciere*, & 12 *deniers Pariſis de cens portant ventes, ſaiſines & amende.*

Cinquieme Titre.

Sentence du 16 Décembre 1608, qui déclare le Cha-pitre de Saint Ger-main, Seigneur cen-ſier & foncier du Cimetiere des Saints Innocens.

Le cinquieme titre, du 16 *Décembre* 1608, eſt une Sentence du Prévôt de Paris, rendue entre le Chapitre de Saint Germain-l'Auxerrois & les Marguilliers de la Paroiſſe des Saints Innocens, & portant, « que la mai-» ſon dont étoit queſtion, *aſſiſe au Cimetiere des Saints* » *Innocens, duquel leſdits de Saint Germain ſont,* eſt-» il dit, *Seigneurs cenſiers & fonciers, ſeroit viſitée, &c.* »

Sixieme Titre.

Conceſſion faite par le Chapitre de Saint Germain à la Fabrique des Saints Innocens.

Le ſixieme titre, du 31 *Décembre* 1610, eſt une per-miſſion donnée par le Chapitre de Saint Germain, *de faire conſtruire & bâtir de neuf, deux Chambres & Grenier deſſus, du côté dit où eſt à préſent la grande porte qui ſort du Cimetiere des Innocens* . . . . *de faire mettre un Pilier de pierre de taille, pour poſer un Portail, pour porter le premier plancher deſdites deux Chambres* . . . . . . » *accord & permiſſion faits, tant moyennant 2 ſols Pariſis* » *de cens, & 4 livres Pariſis de rente fonciere perpétuelle,* » *& non rachetable* . . . . . *& outre, moyennant la ſomme* » *de 64 liv. Tournois* . . . . . . *que leſdits du Chapitre*

» *ont dit être pour employer aux réparations des Char-*
» *niers dudit Cimetiere des Saints Innocens, &c.* »

Le septieme titre, du 30 Avril 1614, est une Sentence du Prévôt de Paris, qui *condamne les Marguilliers des Saints Innocens à rétablir un lieu qu'ils avoient fait creuser dans le Cimetiere, en tel état qu'il étoit auparavant, & en outre, maintient & garde lesdits du Chapitre de Saint Germain, en la possession & jouissance dudit Cimetiere, nonobstant chose proposée au contraire, par lesdits des Saints Innocens, dont ils sont déboutés.*

Cette Sentence a été confirmée par Arrêt du Parlement, du 11 Septembre 1614.

Le huitieme titre est une Sentence de Police, rendue au Châtelet de Paris, le 27 Octobre 1615, pour faire rendre au Cimetiere des Saints Innocens, le respect dû aux lieux ainsi consacrés à la religion, dans laquelle Sentence qui fut imprimée & publiée, les Doyen, Chanoines & Chapitre de Saint Germain-l'Auxerrois sont publiquement reconnus *Seigneurs Fonciers & Propriétaires dudit Cimetiere.*

Le neuvieme titre, *du 3 Juin 1625*, est la concession de la Chapelle dite d'Orgemont, sise dans le Cimetiere des Saints Innocens, du côté de la rue de la Lingerie, par le Chapitre de Saint Germain-l'Auxerrois, au sieur Simonnet, *moyennant 12 deniers Parisis de cens, & 8 sols Parisis de rente annuelle & perpétuelle, Seigneuriale, fonciere & non rachetable, payable,* &c.

Septieme Titre.
Sentence du Châtelet de Paris, du 30 Avril 1614.

Huitieme Titre.
Sentence de Police, du 27 Octob. 1615.

Neuvieme Titre.
Concession de la Chapelle d'Orgemont.

Dixieme Titre.

Autre Conceffion au fieur de Baugé.

Le dixieme titre, du 10 Mai 1641, eft celui par le-
» quel, fur la plainte faite au Chapitre de Saint Germain,
» par diverfes parties, Habitans des rues au Feure (Fers)
» Lingerie, & marché aux Poirées, du mauvais état
» auquel étoient, tant *la porte du Cimetiere des Saints*
» *Innocens appartenant auxdits fieurs du Chapitre*, regar-
» dant la Halle & ledit marché aux Poirées, que la
» voûte & arcade du Charnier joignant ladite porte, &
» qu'il y avoit péril d'y paffer, lefdits fieurs du Cha-
» pitre *ont concédé au fieur de Baugé, Marchand, Bour-*
geois de Paris, pour le profit & utilité dudit Chapitre,...
la propriété du deffus du Charnier, à l'endroit de la mai-
fon des Quatre-vents, de la largeur & étendue d'icelle....
à la charge par ledit de Baugé de faire réparer & mettre
en bon état la porte, voûte & arcade dont il s'agiffoit....
du côté du marché aux Poirées....... & de payer
au Receveur du Chapitre, 20 liv. tournois de rente & fur-
cens..... & 12 deniers de cens portant lods & ventes,
faifine & amende, &c.

Onzieme Titre.

Autre Conceffion à la veuve Houdin.

Le onzieme titre, du 15 *Septembre* 1643, eft celui par
lequel le Chapitre *concede & délaiffe à la veuve Houdin,*
la propriété du deffus du Charnier, à l'endroit de fa mai-
fon où eft pour enfeigne la Trinité...... à la charge
par ladite veuve de faire, à fes frais & dépens, réparer &
remettre en bon état la voûte & arcade étant au derriere de
ladite maifon, du côté du Charnier, & en outre, de bailler
& payer auxdits fieurs du Chapitre, 35 liv. tournois de
rente & furcens...... & 12 deniers Parifis de cens
portant lods & ventes, faifine & amende, &c.

Le douzieme titre, du même jour 15 *Septembre* 1643 , est celui par lequel *le Chapitre de Saint Germain con-cede & délaisse au sieur Heron, la propriété du dessus du Charnier, à l'endroit de sa maison du pannier vert* ..... *& la permission de faire bâtir à ses frais & dépens, tant sur ledit Charnier qui répond au derriere de sadite maison, QUE SUR LA PLACE QUE LESDITS SIEURS DU CHAPITRE LUI ACCORDENT SUR LEDIT CIMETIERE* .... *à la charge par ledit sieur Heron de faire, à ses frais & dépens, réparer & remettre en bon état la voûte & arcade dont est question, & de payer, en outre, auxdits sieurs du Chapi-pitre,* 30 *livres de rente surcens, &* 12 *deniers Parisis de cens portant lods & ventes, saisine & amende, &c.*

Douzieme Titre.
Autre concession au sieur Heron.

Le treizieme titre, du 17 Décembre 1646, est une Sentence de Police, rendue au Châtelet de Paris, sur la Requête du Chapitre de Saint Germain-l'Auxerrois, & par laquelle ce Chapitre est reconnu *Seigneur & Proprié-taire des Charniers & du Cimetiere des Saints Innocens.*

Treizieme Titre.
Sentence de Police du 17 Décembre 1646.

On voit par cette suite de Concessions & de Sentences, durant deux siecles, que le Chapitre de Saint Germain-l'Auxerrois a toujours agi & procédé comme Proprié-taire foncier & Seigneur direct des terrains du Cimetiere & des Charniers des Saints Innocens. Il dispose de ces Terrains & de ces Charniers, comme de sa propre chose ; il les concede, moyennant *des cens portant lods & ventes, saisine & amende ;* il requiert lui-même les Ordonnances du Magistrat, pour y mettre la police, parce que le lieu fait partie de son Domaine & de sa Seigneurie ; en un mot, il s'y comporte en maître qui ne fouffre point qu'on donne atteinte à fes droits ; *rei fuæ dominus & arbiter.*

Seconde efpece de titres, qui font ceux par lefquels les droits de propriété fonciere & de Seigneurie di- recte ont été recon- nus comme apparte- nans au Chapitre de Saint Germain, fur les terrains du Cime- tiere, & des Char- niers des Saints In- nocens.

Les titres de la feconde efpece font, d'un côté, les déclarations par lefquelles les Conceffionnaires ou leurs Repréfentans ont reconnu le Chapitre de Saint Germain-l'Auxerrois pour Propriétaire foncier & Seigneur direct des terrains du Cimetiere & des Charniers des Saints Innocens, &, d'un autre côté, les enfaifinemens qui ont été faits des Contrats de vente par ce Chapitre, & dont la plupart ont même concouru avec ceux faits par les Receveurs du Domaine, pour des Maifons qui ont été bâties hors de ces terrains, dans les Cenfives que nos Rois ont acquifes, comme on l'a vu ci-deffus.

On croit devoir prendre & confidérer ces titres, rela- tivement à chaque conceffion originaire.

Ceux qui regardent la conceffion faite, le 10 Mai 1641, par le Chapitre de Saint Germain, au fieur de Baugé, font au nombre de cinq, favoir, 1°. l'enfaifinement fait par le Receveur de ce Chapitre, le 14 Janvier 1659, d'un Contrat du premier Février 1658, pour la vente de la *portion de la Maifon des quatre - vents, étant fur les Charniers & porte du Cimetiere des Saints Innocens;* 2°. la déclaration faite, le 20 Juin 1665, par le fieur Louis Bellavoine, & par laquelle il *a reconnu tenir, à titre de cens portant lods & ventes, faifine & amende, des Doyen, Chanoines & Chapitre de l'Églife Royale & Collégiale de Saint Germain-l'Auxerrois, le derriere d'une Maifon fife au Marché aux Poirées, pour ce qui eft deffus les Charniers des Saints Innocens;* 3°. une autre Déclaration, du 12

Septembre

Septembre 1721, au papier terrier du Chapitre de Saint Germain, par *Maurice Duvaux*, *pour la moitié d'une Maison au Marché aux Poirées, étant en la Censive dudit Chapitre, & chargée vers lui de 12 deniers parisis de cens, & de 20 liv. de rente & surcens, portant lods & ventes, saisine & amende*; 4°. autre Déclaration du 23 Janvier 1743, au même papier terrier, par les Demoiselles Duvaux, à raison de la Maison ci-dessus; 5°. une autre Déclaration du 11 Mars 1776, au papier terrier du Chapitre de l'Eglise de Paris, par le sieur Denis Godefroy, toujours à cause de cette Maison.

Les titres relatifs à la concession faite, le 15 Septembre 1643, par le Chapitre de Saint Germain, au sieur Antoine Heron, sont au nombre de trois, savoir, 1°. l'ensaisinement accordé par ce Chapitre, le 25 Avril 1715, à Nicolas Lefevre, pour la vente d'une Maison sise au Marché aux Poirées, rue de la Lingerie, *étant ladite Maison en la Censive, tant de Sa Majesté, à cause de son Domaine,* (hors des terrains du Cimetiere & des Charniers des Saints Innocens) que des Doyen, Chanoines & Chapitre de Saint Germain-l'Auxerrois, (à cause de la partie située sur ces terrains); 2°. la Déclaration faite de cette Maison, au terrier de ce Chapitre, le 18 Juillet 1722, par le même Nicolas Lefevre; 3°. autre Déclaration du 9 Août 1760, par Marie-Catherine Lefevre, toujours pour la même Maison.

Les titres qui se rapportent à la concession faite, le 15 Septembre 1643, par le Chapitre de Saint Germain, à Gabrielle Delalande, veuve de Pierre Houdin, sont au nombre de neuf, savoir, 1°. la Déclaration du 12

D

Août 1722, par Jean-Baptiste de Santeuil, au papier terrier du Chapitre de Saint Germain, pour une portion de Maison fise rue de la Lingerie, *étant en la Cenfive dudit Chapitre* ; 2°. autre Déclaration du 22 Mai 1723, par Antoine Bourgeois de Nanteuil, à raifon de cette Maifon ; 3°. enfaifinement du 31 Décembre 1726, en faveur de Denis Roger, par le Chapitre de Saint Germain, pour la vente de la moitié de la même Maifon ; 4°. autre enfaifinement du 5 Mai 1743, au profit de fieur Nicolas-Charles Gillet, pour la vente des trois quarts de cette Maifon ; 5°. autre enfaifinement, fait le 31 Mai 1743, en ces termes, par le Receveur des Domaines, *Enfaifiné par Nous Receveur-Général des Domaines & Bois de la Généralité de Paris, pour la moitié de ladite maifon feulement, relevant de Sa Majefté*, & en ces termes, par le Chapitre de Saint Germain, *Enfaifiné par Nous Doyen, Chanoines & Chapitre de Saint Germain…, pour la moitié de ladite maifon feulement, étant en notre Cenfive* ; 6°. autre enfaifinement du 6 Août 1743, pour une autre portion de la même Maifon ; 7°. Déclaration du 20 Juin 1759, par la dame veuve Gillet & le fieur Gillet, fon fils, pour la portion de cette Maifon, étant au-deffus des Charniers des Saints Innocens ; 8°. enfaifinement du 23 Juillet 1778, au profit du fieur Louis Gentil ; 9°. enfin, Déclaration du fieur Gentil, au papier terrier du Chapitre de Saint Germain.

Les autres titres de la même efpece, font les Déclarations faites, l'une le 17 Avril 1733, au papier terrier du Chapitre de Saint Germain-l'Auxerrois, & l'autre, le 30 Novembre 1776, au papier terrier du Chapitre de

27

l'Eglise de Paris, pour la maison presbytérale de la Paroisse des Saints Innocens.

Voilà donc la possession du Chapitre de Saint Germain, qui se continue d'une maniere constante & publique, par des reconnoissances & par des ensaisinemens qui doivent la faire regarder comme étant en quelque sorte contradictoire avec le Domaine Royal.

Les titres de la troisieme espece ont revêtu cette possession, & les Actes qui la justifient, du sceau le plus authentique & le plus sacré. Ce sont des Jugemens & Arrêts solemnels, des Déclarations faites & reçues au terrier du Domaine Royal, & un Procès - verbal de bornage, fait contradictoirement avec l'Officier chargé de la défense de ce Domaine.

On a déja ci - dessus rapporté l'Arrêt du Parlement de Paris, du 9 Août 1567, qui, avec le sieur Procureur Général, & vis-à-vis de la Fabrique des Saints Innocens, a maintenu le Chapitre de Saint Germain, en sa qualité *de Seigneur Foncier des Cimetiere & Charniers desdits Saints Innocens.*

Il faut voir comment il y a été aussi maintenu, vis-à-vis de l'Hôpital de Sainte Catherine.

On croit devoir observer d'abord, que l'Hôpital dit aujourd'hui de Sainte Catherine, ne fut fondé qu'en l'année 1188, & par conséquent qu'environ cinq ou six cens ans, après l'Eglise de Saint Germain-l'Auxerrois; que cet Hôpital portoit, dans le commencement, le nom d'Hôpital de Sainte Opportune, à cause du voisinage où il étoit de l'Eglise du même nom, établie par démembrement de celle de Saint Germain-l'Auxerrois; & que

D ij

par la suite, le Chapitre de cette derniere Eglise ayant accordé aux Religieuses du même Hôpital, en considération des frais qu'elles faisoient pour la sépulture des corps trouvés morts, tués, noyés & décédés dans les prisons, rues & autres lieux publics de la ville de Paris, *le droit de jouir en commun du Cimetiere des Saints Innocens, avec le Chapitre de Saint Germain-l'Auxerrois*, comme il est dit, dans le vû de la Sentence même, du 28 Mai 1655, ces Religieuses prétendirent avoir sur ce Cimetiere, les mêmes droits que le Chapitre, ainsi qu'il résulte de la Sentence du 23 Décembre 1371, & de l'Arrêt du 29 janvier 1372.

C'est cette ancienne querelle, qui renouvellée donna lieu à une Sentence des Requêtes du Palais, du 28 Mai 1655.

Le vû des pieces qu'elle énonce, offre en détail les prétentions respectives.

Le Chapitre de Saint Germain soutenoit qu'il étoit seul Seigneur *spirituel & temporel* du Cimetiere des Saints Innocens, & que les Religieuses de l'Hôpital de Sainte Catherine, n'avoient que le droit qui leur avoit été accordé par le Chapitre, d'établir un fossoyeur, pour les fosses destinées aux Paroissiens de Saint Jacques-la-Boucherie, & de plusieurs autres Paroisses de Paris, à l'exception de celles *de Saint Germain, de Saint Eustache, Saint Sauveur, Saint Roch, Saints Innocens, Sainte Opportune*, & d'autres lieux dépendans de la Paroisse de Saint Germain, &c.

Les Religieuses de Sainte Catherine contestoient au Chapitre de Saint Germain, le droit de propriété & de Seigneurie exclusive, & prétendoient avoir un droit égal

à celui de ce Chapitre, fur le Cimetiere des Saints Innocens, du moins pour la conceffion & permiffion *du
droit de foffoyage & enterrement.*

Sur les prétentions refpectives des Parties, la Sentence .
» maintient & garde lefdites Religieufes en la poffeffion
» & jouiffance, pour la moitié & égale portion, con-
» jointement avec ledit Chapitre de Saint Germain, des
» *droits de foffoyage & enterrement, profits & émolumens*
» *qui en proviennent, &c . . . . . & fur le furplus des de-*
» *mandes refpectivement faites par les Parties, les a mifes*
» *hors de Cour & de procès.*

Ce hors de Cour portoit principalement fur le droit
de propriété & de Seigneurie, que les Religieufes de
Sainte Catherine prétendoient partager avec le Chapitre
de Saint Germain ; de forte qu'on peut le regarder
comme confirmatif de ce droit, en faveur du Chapitre,
puifqu'à cet égard, il déboute les Religieufes de leur
prétention, du moins *formâ negandi.*

Mais la fentence faifoit au Chapitre de Saint Germain
un préjudice qui ne lui permettoit point d'y acquiefcer.
Il s'en rendit appelant au Parlement, & obtint, le 21
Mars 1659, un Arrêt qui la réforma, « en ce que lefdites
» Religieufes dudit Hôpital de Sainte Catherine avoient
» été maintenues & gardées en la poffeffion & jouiffance,
» *pour la moitié & égale portion,* conjointement avec lef-
» dits du Chapitre de Saint Germain, des droits de fof-
» foyage, & conceffions de bâtir Charniers & autres mar-
» ques de Sépultures, profits & émolumens qui en prove-

» noient, en toute l'étendue du Cimetiere des Saints Inno-
» cens & Charniers d'icelui , pour toutes les Paroiſſes
» communes . . . . . . , & n'accorde auxdites Religieu-
» ſes, que le tiers ſeulement, au lieu de ladite moitié,
» maintenant leſdits Doyen , Chanoines & Chapitre en
» la poſſeſſion & jouiſſance des deux tiers, &c. *& con-
» firmant ladite Sentence au réſidu* » ; de ſorte que le droit
de Seigneurie & de propriété du Chapitre , lui fut con-
ſervé par l'Arrêt de même que par la Sentence.

<table><tr><td>Arrêt du Conſeil d'Etat rendu au rappor de M. Puſſort, le 18 Octobre 1669.</td><td>Un autre titre du même genre, mais bien plus déciſif, eſt un Arrêt du Conſeil d'Etat , rendu, le 18 Octobre 1669, à l'occaſion de l'ouverture & de l'élargiſſement de la rue de la Féronnerie, entre le Chapitre de Saint Germain - l'Auxerrois , les Curé, Marguilliers & Paroiſ- ſiens de la Paroiſſe des Saints Innocens, & les Adminiſtra- teurs & Religieuſes de l'Hôpital de Sainte Catherine.</td></tr></table>

Cette ouverture & cet élargiſſement ayant été pro-
poſés, le Conſeil avoit donné un premier arrêt portant
que les Parties intéreſſées ſeroient appelées , & produi-
roient leurs titres, entre les mains du célebre M. *Puſſort*,
Conſeiller d'Etat. Les Doyen , Chanoines & Chapitre de
S. Germain-l'Auxerrois ſe préſenterent, *comme Seigneurs*
fonciers & propriétaires des Cimetiere & Charniers des Saints
Innocens, & conclurent, en cette qualité , à ce qu'il fût
ordonné, qu'*ils ſeroient maintenus & gardés aux droit & per-*
miſſion de faire ledit élargiſſement , & les bâtimens, à leurs
frais & à leur profit.

Les Curé & Marguilliers de la Paroiſſe des Saints Innocens parurent , & conſentirent à l'exécution du pro-

jet ; mais les Sœurs Religieuses de l'Hôpital de Sainte Catherine vinrent, *avec les titres de leurs prétentions sur lesdits Cimetiere & Charniers* , & conclurent, de leur côté, à ce qu'elles *y fuffent maintenues* , *même que la préférence leur fût accordée fur partie defdits Cimetiere & Charniers & bâtimens qu'il plairoit au Roi d'y faire conftruire* , *fans que les Doyen* , *Chanoines & Chapitre de Saint Germain-l'Auxerrois puffent s'attribuer la qualité de Seigneurs & propriétaires defdits Cimetiere & Charniers ; finon à leur rembourfement du tiers de la valeur de ce qui fe trouveroit pris defdits Charniers & Cimetiere* , *à raifon de* 1000 *liv. par chacune toife.*

Les Doyen , Chanoines & Chapitre de Saint Germain répondirent à ces démandes des Religieuses de l'Hôpital de Sainte Catherine, par une requête du 5 Avril 1668, tendante « à ce qu'il *plût à fa Majefté iceux maintenir*
» *en la qualité & droits de feuls Seigneurs fonciers & pro-*
» *priétaires du Cimetiere des Saints Innocens & lieux en*
» *dépendans ; leur adjuger à eux feuls & privativement,*
» *tant auxdites Religieufes de Sainte Catherine, qu'auxdits*
» *Curé & Marguilliers de l'Eglife des Saints Innocens ,*
» *& tous autres, la faculté de faire l'élargiffement de ladite*
» *rue de la Féronnerie,* & faire conftruire, à leurs dépens
» & à leur profit, des maifons le long d'icelle rue, pour
» en jouir *librement & en pleine propriété, comme étant*
» *bâties fur leur propre fonds & directe,* à la charge toute-
» fois des offres par eux faites de dédommager tant
» lefdites Religieufes des pertes qu'elles pourroient fouf-
» frir, *dans la perception des émolumens ;, des inhuma-*
» *tions & fépultures, pour la part & portion qui leur en*

» *avoit* été adjugée, que lefdits Marguilliers des Saints
» Innocens, pour raifon feulement des logemens étant
» fur lefdits Charniers & au dedans dudit Cimetiere,
» leur en faifant bâtir & conftruire d'autres femblables
» dont toutes les Parties conviendroient à l'amiable en-
» tr'elles, finon & à faute de ce faire, feroient réglées
» en la maniere qui feroit arbitrée, par ledit fieur Puffort;
» fi mieux n'aimoit Sa Majefté ordonner, qu'auparavant
» travailler à l'élargiffement de ladite rue par la démoli-
» tion defdits Charniers, il feroit procédé au toifé de
» la place & efpace de terrain, & quantité de toifes qu'il
» feroit néceffaire de prendre dans lefdits Charniers &
» Cimetiere, pour l'exécution du plan & devis qui au-
» roient été arrêtés au Confeil de Sa Majefté; & fui-
» vant icelui toifé, il feroit payé comptant par les En-
» trepreneurs, auxdits du Chapitre, à raifon de 1000 *l.*
» *pour chacune toife de furface,* qui étoit le prix & la
» valeur courante des places fituées dans ledit Quartier;
» comme auffi, à l'eftimation par Experts des matériaux
» qui étoient fur les lieux, & le prix d'iceux payé par
» lefdits *Entrepreneurs, avant qu'entamer lefdits lieux ; &*
» *que lefdites nouvelles maifons feroient tenues envers lef-*
» *dits du Chapitre, de tous & tels Droits Seigneuriaux ad-*
» *jugés par la Coutume, aux Seigneurs cenfiers, pour être*
» *les fommes provenantes du paiement dudit fonds, employées*
» *par lefdits du Chapitre, avec le Procureur-Général de Sa*
» *Majefté, en un autre fonds libre & amorti à leur profit*
» *& utilité ;* fi mieux n'aimoit Sa Majefté, agréer & ac-
» cepter les propofitions particulieres faites pour ce re-
» gard, de la part defdits Doyen, Chanoines & Cha-

» pitre

» pitre dont ils avoient remis deux Mémoires, l'un en-
» tre les mains dudit ſieur Puſſort, & l'autre au ſieur
» *Colbert*, Conſeiller au Conſeil Royal, Secrétaire des
» Commandemens de Sa Majeſté, & Sur-Intendant de ſes
» Bâtimens, pour l'exécution deſquelles propoſitions,
» Sadite Majeſté leur feroit, en ce cas, expédier toutes
» Lettres néceſſaires ».

Il y eut encore pluſieurs Requêtes reſpectivement fournies, & qui ſont viſées dans l'Arrêt du 18 Octobre 1669.

Mais ce qu'il y a de plus important à obſerver, dans
le vû de cet Arrêt, c'eſt une partie des titres que re-
préſentent aujourd'hui les Supplians, & qui ſoigneuſe-
ment examinés & diſcutés par M. *Puſſort*, l'oracle du
Conſeil, & Rapporteur de l'affaire, ont déterminé le
jugement.

Ces titres étoient, comme ce vû en fait foi, celui du
18 Avril 1449, l'Arrêt du Parlement du 9 Août 1567,
l'acte de conceſſion du 5 Mars 1574, celui du 29 Mars
1583, la Sentence du 16 Décembre 1608, l'acte de conceſſion du 31 Décembre 1610, celui du 3 Juin 1625,
celui du 10 Mai 1641, avec la Sentence du Prévôt de
Paris, du 5 Juin 1658, & *pluſieurs autres titres juſtificatifs
de l'uſage, Seigneurie & propriété deſdits Doyen, Chanoines & Chapitre de Saint Germain-l'Auxerrois, ſur leſdits
Charniers & Cimetiere.*

On trouve pareillement viſées dans le même Arrêt, les
pieces produites tant par les Religieuſes de Sainte Catherine, que par les Curé & Marguilliers des Saints Innocens; ſavoir, de la part de ces Religieuſes, 1°. la Sentence du Prévôt *de Paris de l'année* 1371; 2°. celle des

Requêtes du Palais, du 28 Mai 1655, avec l'observation importante, que par cette derniere Sentence, *sur la demande faite par lesdites Religieuses, que défenses fussent faites audit Chapitre, de prendre la qualité de Seigneur foncier dudit Cimetiere, les Parties avoient été mises hors de Cour & de procès ;* 3°. l'Arrêt du Parlement, du 21 Mars 1659 ; & , de la part des Curé & Marguilliers de la Paroisse des Saints Innocens , les Lettres-Patentes du Roi Louis XI, de 1474 , portant concession de bâtir *sur la voie publique* de la rue de la Féronnerie, le long du mur des Charniers des Saints Innocens, des Echoppes, &c.

Dispositif de l'Arrêt du Conseil d'Etat du 18 Octobre 1665.

C'est d'après une instruction si complette, & sur les productions ainsi faites respectivement, qu'au rapport de *M. Pussort* , après en avoir communiqué à Messieurs de Morangis, de la Margrie & Poncet, Conseillers d'Etat, » Sa Majesté *ayant aucunement égard aux Requêtes pré-* » *sentées par les Doyen, Chanoines & Chapitre de Saint* » *Germain-l'Auxerrois, a ordonné & ordonne que , suivant* » *leurs offres, ils feront travailler incessamment, à leurs dépens,* » *à l'ouverture & élargissement de la rue de la Féronnerie,* » *en toute sa longueur , & à la construction des maisons* » *qui termineront ladite rue, du côté du Cimetiere des Saints* » *Innocens ;* &, pour cet effet , ordonne Sa Majesté , » que ladite rue sera élargie & conduite en droit aligne- » ment , qui sera donné par les sieurs de Paris & Beau- » champs, Tréforiers de France en la Généralité de Paris , » que Sa Majesté a commis pour cet effet , depuis l'ex- » trémité & encoignure de ladite rue de la Lingerie, » jusqu'à l'autre extrémité du côté de la rue Saint-Denis, » à chacune desquelles extrémités aura ladite rue 30 pieds

» de largeur ; & que pour ce faire , feront démolies les
» petites maifons , Boutiques & Echoppes qui font en
» ladite rue de la Féronnerie, adoffées contre les murs
» du Charnier dudit Cimetiere , enfemble les maifons
» qui font au-deffus & aux encoignures des portes dudit
» Cimetiere , même celles qui font adoffées contre les
» murs dudit Cimetiere , à chacune defdites extrémités,
» *comme auffi lefdits Charniers en toute ladite étendue* , lef-
» quels feront retirés fur ledit Cimetiere ; & que pour
» terminer ladite rue de la Féronnerie , du côté dudit
» Cimetiere , *fera faite une façade de Bâtimens* de pierres
» de tailles , de 12 corps de logis doubles , outre un
» demi qui fera à chaque bout , lefquels corps de logis
» feront de 33 pieds de profondeur , chacun hors d'œu-
» vre par bas , & outre ce , auront 3 pieds de faillie au-
» dedans dudit Cimetiere & au - deffus du Charnier ;
» defquels corps de logis , la face , du côté de ladite
» rue de la Féronnerie , fera accompagnée d'ornemens
» d'Architecture , conformément au plan & deffin qui
» fera paraphé au dos par le fieur Rapporteur, & demeurera
» attaché à la minute du préfent Arrêt ; qu'à chacune
» des extrémités de ladite rue de la Féronnerie , fera
» bâti un Portique , conformément au deffin particulier
» qui en a été auffi donné à Sa Majefté , & fera pareil-
» lement paraphé au dos par ledit fieur Rapporteur , &
» demeurera attaché à la minute du préfent Arrêt ; lef-
» quels deux Portiques ferviront au paffage & entrée
» dudit Cimetiere ; & feront les chaffis & premiers gui-
» chets de vitre de chacun étage defdites maifons , du
» côté du Cimetiere feulement, pofés à verre dormant,

» & néanmoins à hauteur d'appui ; ordonne Sa Majefté,
» *qu'au lieu des Charniers qui font préfentement, en feront*
» *bâtis d'autres*, au-deffous defdits corps de logis , & du
» côté dudit Cimetiere , tout neufs, de pierres de tailles,
» de 15 pieds de largeur, les murs compris, pour fer-
» vir au paffage & à la commodité publique ; defquels
» Charniers les voûtes feront de Pilaftres de même or-
» dre & deffin que ceux qui font à préfent ; & fera le
» tout conduit en droit alignement , qui fera pareille-
» ment donné par lefdits fieurs de Paris & Beauchamps ,
» au dedans dudit Cimetiere , d'une extrémité à l'autre ;
» ordonne Sa Majefté, *que les offemens, tombeaux , mo-*
» *numens , épitaphes & infcriptions qui font à préfent dans*
» *lefdits Charniers , feront transférés & rétablis , fous les*
» *autres Charniers , du côté des rues de la Lingerie &*
» *aux Feres*, fuivant les confentemens qui ont été don-
» nés par les particuliers qui ont leurs fépultures aux-
» dits Cimetieres , lefquels confentemens demeureront
» attachés auffi à la minute du préfent Arrêt , & qu'il
» fera fait acquifition par lefdits fieurs Doyen, Cha-
» noines & Chapitre de Saint Germain, d'un lieu con-
» venable , & d'une étendue fuffifante , hors des murs
» de la ville , tel qu'il fera trouvé à propos par le fieur
» Archevêque de Paris, ou les fieurs fes Grands-Vicaires,
» pour y faire tranfporter , fi ainfi par lui eft ordonné,
» les offemens qui font au-deffus des vieux Charniers,
» après que ledit lieu aura été béni en la maniere ac-
» coutumée , fi ce n'eft que ledit fieur Archevêque ju-
» geât plus à propos d'ordonner *la tranflation defdits*
» *offemens dans le Cimetiere de la Trinité ou autre lieu dé-*

37

» cent qui fera indiqué par lefdits Doyen , Chanoines &
» Chapitre , & que pour l'exécution de ce que deffus , fera
» pris fur ledit Cimetiere, après avoir obtenu auffi le con-
» fentement dudit fieur Archevêque , la quantité de terrain
» qui fera néceffaire, fuivant l'alignement qui fera auffi
» donné par lefdits fieurs de Paris & de Beauchamps ,
» moyennant quoi appartiendront auxdits Doyen, Chanoines
» & Chapitre de Saint Germain, toutes lefdites maifons qui
» feront ainfi bâties, pour en jouir à perpétuité & en pleine
» propriété, comme Seigneurs fonciers directs & propriétaires
» tant defdites places & Charniers que des maifons qui feront
» bâties fur icelles ; à la charge néanmoins par lefdits
» Doyen, Chanoines & Chapitre dudit Saint Germain ,
» de donner aux Religieufes de Sainte Catherine, pour
» tout dédommagement , un fonds qui leur puiffe produire
» le double du revenu qui leur revient par chacun an ,
» des profits & émolumens des inhumations & fépultures
» qui leur ont été adjugées, ou en une rente fonciere fur
» lefdites maifons, lefquels droits elles ne lairront pas
» de percevoir, nonobftant ledit dédommagement , fur le
» furplus dudit Cimetiere , ainfi qu'elles ont fait jufqu'à
» préfent ; & à la charge auffi de dédommager la Fabrique
» de l'Eglife des Saints Innocens, de la valeur dudit revenu,
» fur lepied des baux qu'ils ont faits des échoppes & maifons
» qui lui appartiennent en ladite rue de la Féronnerie ,
» en autres defdites maifons qui feront de nouveau conf-
» truites , de pareil revenu que celui defdites échoppes
» & maifons, fuivant l'eftimation qui en fera faite par
» Experts dont les Parties conviendront, pardevant ledit
» fieur Rapporteur, finon par lui pris & nommés d'office ;

» ou en rentes foncieres non rachetables, affignées fur
» lefdites maifons nouvellement conftruites, le tout, au
» choix & option defdits Doyen, Chanoines & Chapi-
» tre ».

Il ne faudroit, fans doute, que cet Arrêt, pour établir la juftice de l'oppofition des Supplians, à celui que
vient d'obtenir le fieur Infpecteur-Général du Domaine.
Il juge, dans la plus grande connoiffance de caufe, que
le Chapitre de Saint Germain-l'Auxerrois, *étoit Seigneur
foncier, direct & propriétaire* de tout l'emplacemeut du Cimetiere & des Charniers des Saints Innocens, puifqu'en
le jugeant pour une partie confidérable, c'eft le juger
pour le tout. Les droits qu'il reconnoît lui appartenir fur
cette partie, & qu'il lui adjuge, font, tant pour le remplir,
fuivant fon titre de Seigneur direct & de propriétaire
foncier, que pour le dédommager de la perte qu'il devoit fouffrir, dans la perception des émolumens & droits
des inhumations & fépultures, par le retranchement de
cette même partie du Cimetiere. Il n'eft pas poffible de
douter de ce dernier point, puifqu'à raifon de la perte
que les Religieufes de l'Hôpital de Sainte Catherine avoient
également à fouffrir, pour leur part & portion, l'Arrêt
leur accorde un dédommagement, foit en un fond qui
puiffe leur produire le double du revenu qu'elles tiroient
annuellement des profits & émolumens des inhumations
& fépultures à elles adjugés, ou en une rente fonciere
fur les maifons, & puifque d'ailleurs, il déclare, que,
nonobftant ce dédommagement, ces Religieufes conti-
nueront de percevoir ces droits, fur le furplus du Cimetiere.

Mais, fi telle fut alors la décifion ; fi, dans une cir-
conftance où, par des raifons d'un ordre fupérieur, & qui
rappelent encore le coup affreux qui enleva Henri le
Grand à la France, il s'agiffoit d'élargir la voie publique ; fi, enfin, fans autres titres que ceux énoncés dans
l'Arrêt, le Chapitre de S. Germain-l'Auxerrois fut maintenu avec tant de folemnité, dans tous fes droits *de Seigneurie directe & de propriété fonciere*, fur les terrains du
Cimetiere & fur les Charniers des Saints Innocens ;
quelle difficulté cette décifion auroit-elle pu fouffrir, ou
plutôt avec quel empreffement les grands Magiftrats,
au rapport & fur l'avis defquels elle fut prononcée, ne
l'auroient-ils pas rendue, s'il avoit été queftion, comme
aujourd'hui, d'un établiffement dont le Public doit
tirer des avantages bien différens, & lorfqu'indépendamment des titres ci-deffus mentionnés, les Supplians
en rapportent d'autres fi multipliés & fi puiffans ?

Mais ce qui a fuivi, acheve de porter jufqu'au degré
de l'infaillibilité même, la preuve de l'ancienne poffeffion du Chapitre de S. Germain.

Et d'abord, qu'il foit permis de confidérer l'exécution
qu'eut l'Arrêt du Confeil du 18 Octobre 1669.

Le premier objet dont on s'occupa, fut la liquidation
des dédommagemens dûs tant à la Fabrique de la Paroiffe des Saints Innocens, pour les boutiques, échoppes
& maifons appartenantes à cette Fabrique, qu'aux Religieufes de Sainte Catherine, pour la perte du produit
qu'elles tiroient des inhumations & fépultures, fur la portion du Cimetiere employée à la bâtiffe des maifons,

Arrêt du Confeil
d'Etat, du 21 Juil-
let 1670.

le long de la rue de la Férronnerie. Il fut procédé à cette liquidation par devant M. Puffort, qui reçut les dires & requifitions des Parties, & qui en dreffa procès-verbal, fur lequel fut rendu, le 21 Juillet 1670, toujours au rapport de ce grand Magiftrat, un Arrêt conçu en ces termes : « Le Roi, en fon Confeil, a » ordonné & ordonne, que fon Arrêt dudit jour 18 Oc- » bre dernier, *fera exécuté, felon fa forme & teneur* ; & » ce faifant, que lefdits Doyen, Chanoines & Chapi- » tre de Saint Germain-l'Auxerrois donneront auxdites » Religieufes de Sainte Catherine, pour tout dédom- » magement, *un fonds de 350 liv. de revenu, par chacun* » *an, à quoi Sa Majefté a liquidé le double du revenu* » *qui leur revient, par chacun an, des profits & émolu-* » *mens des inhumations & fépultures, qui leur a été adjugé* » *par ledit Arrêt du* 18 *Octobre dernier*, pour tout dé- » dommagement, par elles prétendu, ou en rente fon- » ciere fur les maifons qui feront nouvellement conf- » truites, aux choix & option defdits Doyen, Cha- » noines & Chapitre, lefquels droits *elles ne lairront* » *pas de percevoir, conformément* audit Arrêt, nonobftant » ledit dédommagement *fur le furplus dudit Cimetiere* » *& Charniers*, ainfi qu'elles ont fait jufqu'à préfent ; » comme auffi Sa Majefté a liquidé & liquide le revenu » des échoppes, maifons & places qui appartiennent à la- » dite Fabrique de l'Eglife des Saints Innocens, en la- » dite rue de la Féronnerie & extrémité d'icelle, fur » le pied des baux qui ont été faits & repréfentés, à la » fomme *de* 4120 *liv. en rentes foncieres non rachetables,* » *privilégiées & affignées fur lefdites maifons* qui feront

» nouvellement

» nouvellemenr conftruites, fuivant l'alignement donné
» par les fieurs de Paris & de Beauchamps , de quartier
» en quartier; & en attendant que lefdites maifons aient
» été conftruites, feront tenus lefdits Doyen , Chanoines
» & Chapître, faire valoir & payer à ladite Fabrique, ce
» qui manquera de ladite fomme de 4120 *liv. par cha-*
» *cun an*, tant à caufe de l'abandonnement fait defdites
» échoppes par aucuns des particuliers qui les habitoient ,
» en conféquence du commandement à eux fait par lef-
» dits Doyen, Chanoines & Chapitre , de déloger , que de
» la démolition qui fera par eux faite defdites échoppes
» & maifons, à compter du jour auquel il a été en-
» joint auxdits locataires de déloger , jufqu'à ce que
» lefdites maifons aient été conftruites , & que la tra-
» dition des clefs d'icelles leur ait été faite, ou que lef-
» dites rentes foncieres leur aient été conftituées : comme
» auffi feront tenus lefdits Doyen , Chanoines & Cha-
» pitre , prendre le fait & caufe de ladite Fabrique, &
» la garantir , indemnifer des dommages & intérêts
» qui pourroient être prétendus par aucuns defdits loca-
» taires , pour avoir été expulfés defdites échoppes, pla-
» ces & maifons, auparavant le temps de l'expiration
» de leurs baux : ordonne, en outre, Sa Majefté, que
» lefdits Doyen, Chanoines & Chapitre feront tenus ,
» pour aider & faciliter le logement des Eccléfiaftiques
» de *ladite Eglife des Saints Innocens, de faire bâtir, à*
» *leurs dépens, un petit corps de logis* joignant & atte-
» nant, d'un côté, au logis du Curé de ladite Eglife,
» &, par derriere, celui de fon Vicaire , & en aligne-
» ment de celui dudit Curé , & en faillie fur le paf-

» fage de la petite porte dudit Cimetiere, qui donne
» entrée de la rue aux Feures, & dans la largeur dudit
» paffage, & de profondeur de fept pieds ou environ,
» de ce que le logis dudit Curé excede celui dudit Vi-
» caire, de même qualité, conftruction & élevation
» qu'a celui dudit Vicaire, fans que ladite conftruction
» puiffe nuire ni préjudicier aux droits defdites Reli-
» gieufes de Sainte Catherine : feront auffi tenus lefdits
» Doyen, Chanoines & Chapitre, fournir auxdits Curé &
» Marguilliers des Saints Innocens, autant de clefs des
» portes qui feront conftruites audit Cimetiere, pour l'ad-
» miniftration des Sacremens & la commodité des Pa-
» roiffiens, ainfi qu'ils les ont eues par le paffé ; *&*
» *moyennant ce, lefdits Doyen, Chanoines & Chapitre*
» *demeureront déchargés de tous les dédommagemens que*
» *lefdites Religieufes de Sainte Catherine & lefdits Mar-*
» *guilliers* pouvoient prétendre ; *favoir, lefdites Reli-*
» *gieufes, pour lefdits droits d'inhumation,* & lefdits
» Marguilliers, pour toutes les échoppes, maifons, pla-
» ces & boutiques, maifons des Eccléfiaftiques, & pe-
» tite portion du derriere de la maifon occupée par Ful-
» fcian Portail, fuivant la déclaration qui en a été faite
» par Nicolas Viet & Firmain Gueuhan, maîtres Ma-
» çons, & faifant auffi, par lefdits Doyen, Chanoines &
» Chapitre, conftruire les murs mitoyens des nouveaux
» édifices, que lefdits Doyen, Chanoines & Chapitre
» doivent faire bâtir, à leurs dépens, attenant ladite
» maifon, fuivant ledit alignement, & faifant par eux
» rétablir les planchers & couvertures de ladite maifon,
» qui auront été endommagés en l'abattis & conftruction
» defdits murs & lieux ; & à l'égard defdites Religieu-

» fes Urfulines de Sainte Avoye, & dudit Mignot, S. M. a
» liquidé & liquide le rembourfement & dédommage-
» ment qui leur convient faire , pour raifon defdites
» deux maifons, lods & ventes, frais, loyaux-coûts & autres
» chofes généralement quelconques, favoir, auxdites Reli-
» gieufes Urfulines, *la fomme de* 23,000 *liv.* , & audit
» Mignot, celle de 16,000 l. lefquelles deux fommes de
» 23,000 liv. & de 16,000 liv., Sa Majefté a condamné
» & condamne *lefdits Doyen , Chanoines & Chapitre* de
» Saint Germain-l'Auxerrois , *à leur payer comptant* , en
» remettant par lefdites Religieufes & Mignot, les ti-
» tres , contrats & enfeignemens defdites Maifons, entre
» les mains d'iceux Doyen , Chanoines & Chapitre , lef-
» quels feront tenus de prendre le fait & caufe defdites
» Religieufes & dudit Mignot , & les garantir & indem-
» nifer des dommages & intérêts qui pourroient être
» prétendus par les locataires defdites deux maifons , pour
» avoir été expulfés d'icelles , auparavant le temps de l'ex-
» piration de leurs baux ».

Les Religieufes de l'Hôpital de Sainte Catherine, lors
de ce fecond Arrêt du Confeil , & malgré la difpofition
fi claire de celui du 18 Octobre 1669 , qui ne leur avoit
reconnu d'autres droits que le tiers de ceux des inhumations & fépultures , en déclarant les Doyen , Chanoines
& Chapitre de Saint Germain , *feuls Seigneurs fonciers,
directs & Propriétaires* , avoient effayé de revenir à leur
fyftême, par rapport à la propriété fonciere. Elles avoient
conclu, pardevant M. Puffort, « à ce que, *comme pro-*
» *priétaires & fonciers par indivis dudit Cimetiere* , il leur

Arrêt du Confeil
d'Etat, du 14 Juil-
let 1677.

F ij

» fût donné, en fonds d'héritages & rentes foncieres,
» fur les maifons à bâtir, le double du revenu qu'y pro-
» duiroient les profits des inhumations, fépultures &
» ouvertures de terre, & autres droits, pour la part
» qu'elles avoient dans ledit Cimetiere, &c. ». Mais,
comme on vient de le voir, par l'Arrêt du 21 Juillet
1670, le Confeil n'avoit pas eu plus d'égard dans cet
Arrêt, que dans le premier, à leur prétention.

Ces Religieufes étoient mécontentes ; elles s'obftine-
rent à fe dire co-propriétaires ; elles cherchoient même
à mettre le Domaine Royal dans leur caufe, en allé-
guant que la feigneurie directe fur le Cimetiere des
Saints Innocens, appartenoit au Roi : Elles foutenoient
que, « fuivant les témoignages de Rigord & de Guillaume
» le Breton, le Cimetiere des Saints Innocens ayant été
» pris dans la place des Champeaux, laquelle, difoient-
» elles, étoit entiérement de la cenfive du Roi, de quoi
» il ne falloit point d'autre preuve, finon que tout ce qui
» étoit refté de profane de cette place, comme étoient
» les halles, & les rues & maifons adjacentes, étoit
» encore en la cenfive de Sa Majefté » : enfin, elles éle-
voient le même fyftême qu'éleve aujourd'hui le fieur
Infpecteur - Général du Domaine. Et comme elles ne
pouvoient plus efpérer de fuccès au Confeil d'Etat, elles
s'aviferent d'une diverfion. Elles allerent d'abord au
Châtelet, où elles firent affigner le Chapitre de Saint
Germain, le 7 Juin 1673 : elles revinrent enfuite aux
Requêtes de l'Hôtel : elles voulurent renouveller toutes
leurs prétentions, en reproduifant, & la Sentence du
Prévôt de Paris, du 23 Décembre 1371, & les autres

45

titres qu'elles avoient fait tant valoir, lors des Arrêts des 18 Octobre 1669 & 21 Juillet 1670.

L'Arrêt du Conseil du 18 Octobre 1669, portoit qu'il » seroit exécuté, nonobstant oppositions, dont, si aucunes » intervenoient, *Sa Majesté se réservoit la connoissance* » *qu'elle interdisoit à toutes ses autres Cours & Juges* ». Il s'agissoit de l'exécution de cet Arrêt, dans les demandes portées au Châtelet & aux Requêtes de l'Hôtel, par les Religieuses de l'Hôpital de Sainte Catherine. Il y avoit donc plus que de l'indiscrétion, de leur part, à faire une semblable diversion.

Aussi, par Arrêt du 2 Juin 1674, Sa Majesté « ordonna-t-elle, que les Arrêts de son Conseil, des 17 » Novembre 1667, 18 Octobre 1669, & 21 Juillet » 1670, seroient exécutés, selon leur forme & teneur; » évoquant à Elle & à son Conseil, les contestations » mues pour raison de ce, entre les Parties, & pen- » dantes aux Requêtes de l'Hôtel & au Châtelet de » Paris, & ordonnant, pour y faire droit, qu'elles » remettroient respectivement leurs pieces entre les » mains du sieur de la Reynie, Maître des Requêtes, » pour, à son rapport, après en avoir communiqué *à* » *M. Pussort*, Conseiller d'Etat, être par Sa Majesté, » sur le tout, ordonné ce qu'il appartiendroit ».

En conséquence, les Religieuses de l'Hôpital de Sainte Catherine, après avoir déja, par un acte du 4 Juillet 1674, déclaré aux Doyen, Chanoines & Chapitre de S. Germain, « qu'ils n'avoient pu ni dû prendre la qualité » de Seigneurs spirituels & temporels du Cimetiere & » Charniers des Saints Innocens », leur firent signifier, le

18 Août suivant, une Requête qui contenoit un grand nombre de chefs de conclusions, par le *treizieme* desquels elles demandoient « qu'il fût fait défenses aux-
» dits Sieurs du Chapitre de Saint Germain-l'Auxerrois,
» de prendre, à l'avenir, *la qualité de Seigneurs spiri-*
» *tuels & temporels du Cimetiere & des Charniers des Saints*
» *Innocens, ni aucune autre qualité, à cet égard, que celle*
» *de propriétaires fonciers desdits lieux, pour deux tiers*
» *d'iceux seulement*, sur telles peines qu'il plairoit à Sa
» Majesté leur imposer ». A l'appui de ce chef, elles faisoient reparoître leur Sentence du 23 Décembre 1371, & tous leurs autres actes.

Le Chapitre qui avoit pour lui, outre les titres possessoires ci-dessus rapportés, l'autorité de la chose jugée si solemnellement, se contenta de d mander, par sa Requête du 13 Septembre 1674, que les Religieuses de l'Hôpital de Sainte Catherine fussent déboutées de leurs fins & conclusions.

On voit par cette Requête qui s'est retrouvée, que les Administrateurs & Religieuses de Sainte Catherine avoient épuisé toutes les ressources, jusqu'à soutenir au Conseil, comme ailleurs, que *la Directe & la Seigneurie sur le Cimetiere des Saints Innocens, & lieux en dépendans, appartenoient à Sa Majesté*, & que le Chapitre de Saint Germain réfuta, en peu de mots, les vains prétextes dont on cherchoit à faire l'appui de ce système.

Enfin, après une longue instruction, il intervint, le 14 Juillet 1677, sur le rapport fait *conjointement* par M. Pussort & le sieur de la Reynie, un Arrêt par lequel

Dispositif de l'Arrêt du Conseil d'Etat du 14 Juillet 1677.

entr'autres chofes , « *Sa Majefté condamne lefdits du*
» *Chapitre , & de leur confentement , d'indemnifer & dé-*
» *dommager lefdites Religieufes de Sainte Catherine , à*
» *caufe de la place prife fur ledit Cimetiere*, pour les
» deux revers de pavé, *fur le pied & fuivant qu'il a*
» *été réglé par les Arrêts du Confeil des* 18 *Octobre* 1669
» *& 21 Juillet 1670 :* & quant aux permiffions de faire
» caves, tombes & épitaphes dans les anciens Char-
» niers & Cimetiere , Sa Majefté ordonne que l'Arrêt
» du Parlement du 21 Mars 1659 , fera exécuté, felon
» fa forme & teneur : & fur la demande defdites Reli-
» gieufes de Sainte Catherine du tiers des rentes, pour
» les permiffions de bâtir fur partie des anciens Char-
» niers prétendus donnés par lefdits du Chapitre, Sadite
» Majefté a renvoyé les Parties au Parlement ; *& fur*
» *toutes les autres demandes , les a mifes & met hors de*
» *Cour & de Procès* ».

Par ce hors de Cour, portant fingulierement fur la demande des Religieufes de Sainte Catherine , tendante à ce qu'il fût fait défenfes au Chapitre de Saint Ger-main, de fe dire Seigneur fpirituel & temporel du Cime-tiere & des Charniers des Saints Innocens, & de pren-dre, à cet égard, *d'autre qualité que celle de Propriétaire foncier defdits lieux*, pour les deux tiers feulement, ces Religieufes furent, comme on le voit, déboutées d'une maniere, fi ce n'eft expreffe , du moins négative ; ce qui fuffifoit, fur-tout d'après la difpofition de l'Arrêt du 18 Octobre 1669.

Nouvelles tenta-
tives de l'Hôpital de
Sainte Catherine

Les Adminiftrateurs, Prieure & Religieufes de l'Hô-pital de Sainte Catherine le comprirent parfaitement.

Le Chapitre de Saint Germain leur ayant fait fignifier, le 13 Octobre 1678, une Requête, qui tendoit à ce qu'il fût ordonné, « que pour procéder à l'eftimation &
» liquidation du dédommagement ordonné par l'Arrêt
» du Confeil du 14 Juillet 1677, pour raifon *des deux*
» *revers de pavé & écoulement des eaux faits dans le*
» *Cimetiere des Saints Innocens*, & conformément audit
» Arrêt, les Parties conviendroient d'Experts, finon
» qu'il en feroit nommé d'office », ces Adminiftrateurs, Prieure & Religieufes lui firent fignifier, de leur part, le 18 du même mois d'Octobre 1678, leur Requête en réponfe, par laquelle, entr'autres chofes, ils deman
» derent acte de ce qu'ils proteftoient que leur acquief
» cement audit Arrêt du Confeil, du 14 Juillet 1677,
» *ni le hors de Cour porté par icelui*, ne leur pourroient
» nuire, ni préjudicier, ni leur être oppofés pour fins
» de non-recevoir, lorfqu'ils fe pourvoiroient au Par
» lement, & qu'ils y pourfuivroient l'adjudication des
» feptieme, dixieme, douzieme, *& treizieme* chefs de
» demandes & conclufions qu'ils avoient prifes au
» Confeil, par leur Requête du 18 Août 1674 ».

Et fentant bien que tout étoit jugé, fans retour, par rapport à *ce treizieme chef*, qui étoit celui par lequel ils demandoient, comme on l'a vu, qu'il fût fait défenfes au Chapitre, de prendre d'autre qualité que celle de Propriétaire foncier pour les deux tiers feulement, ils firent encore fignifier, le 13 Novembre 1681, une nouvelle Requête tendante, « à ce qu'il fût déclaré, en
» tant que befoin feroit, que Sa Majefté, par l'Arrêt
» du Confeil d'Etat *du 18 Octobre 1669*, n'avoit en
» tendu

» tendu accorder aux Doyen , Chanoines & Chapitre
» de Saint Germain, *la qualité de Seigneurs fonciers*
» *directs & Propriétaires* , que pour raison seulement
» des maisons bâties nouvellement dans la rue de la
» Féronnerie, & des Places & Charniers où les bâtimens
» avoient été faits ; comme aussi à ce qu'en interprétant
» ledit Arrêt du Conseil du 14 Juillet 1677 , il fût
» pareillement déclaré , que *par le hors de Cour & de*
» *Procès porté par icelui* , Sa Majesté n'avoit entendu
» prononcer sur leurs *septieme & treizieme* demandes
» contenues en leur Requête du 18 Août 1674 ; à ce
» qu'en conséquence, il fût ordonné que sur lesdites *sep-*
» *tieme & treizieme* demandes , ensemble sur les autres
» procès & différends dont il s'agissoit entre les Parties ,
» *pour raison des Cimetiere & anciens Charniers des*
» *Saints Innocens* , circonstances & dépendances , les
» Parties procéderoient au Parlement , en exécution
» de son Arrêt contradictoire du 21 Mars 1659 , &
» tout ainsi qu'elles auroient pu faire , avant lesdits
» Arrêts du Conseil des 18 Octobre 1669 & 14 Juillet
» 1677, *lesquels n'auroient lieu, pour ce regard* ».

La demande & le prétexte dont on cherchoit à
la couvrir , étoient également insoutenables. Dès que
le Chapitre de Saint Germain avoit été déclaré Seigneur
direct & Propriétaire foncier, pour une partie considé-
rable du Cimetiere & des Charniers des Saints Innocens,
il étoit de toute évidence, qu'il l'avoit été en même-
temps pour tout le reste de ce Cimetiere & de ces
Charniers. C'est sur quoi la disposition de l'Arrêt ne
laissoit aucun nuage.

G

Auſſi les Adminiſtrateurs, Prieure & Religieuſes de l'Hôpital de Sainte Catherine, ne s'en tinrent-ils pas à leur demande en interprétation ; ils finirent par préſenter Requête au Conſeil, pour demander « qu'il plût à » Sa Majeſté, en cas que leur demande en explication » & interprétaticn de l'Arrêt du 14 Juillet 1677, ne » fût pas trouvée ſuffiſante, *caſſer*, en tant que beſoin » ſeroit, *ledit Arrêt, en ce ſeulement*, que *leſdits Chanoines* » *& Chapitre de Saint Germain prétendoient que par* » *icelui les Parties avoient été miſes hors de Cour & de* » *Procès, ſur les ſeptieme & treiʒieme* demandes deſdits » Adminiſtrateurs, Prieure & Religieuſes de Sainte » Catherine, contenues dans leur Requête du 18 Août » 1674 ; ce faiſant, *& ſans s'arrêter audit Arrêt qui* » *n'auroit lieu pour ce regard*, ordonner que ſur leſdites » ſeptieme *& treiʒieme* demandes, les Parties procéde- » roient au Parlement de Paris, en exécution de l'Ar- » rêt du 21 Mars 1659, enſemble ſur leurs autres » procès & différends, concernant leſdits anciens Char- » niers & Cimetiere des Saints Innocens ».

Ainſi l'Hôpital de Sainte Catherine remettoit en queſtion ce qui avoit été ſi diſertement jugé. Sur ſa demande en caſſation, il produiſit de nouveau, & cette Sentence, tant de fois par lui employée, du 23 Décembre 1371, & toutes ſes autres pieces.

Arrêt du Conſeil d'Etat, du 30 Décembre 1681, ſur la demande en caſſation formée par l'Hôpital, à raiſon des droits de propriété

Le Conſeil ne ſe laſſa point d'examiner une cauſe, qui, étant celle d'un Hôpital, lui paroiſſoit celle de l'humanité. Il rendit, *le 30 Décembre* 1681, un Arrêt portant que « ſur les fins de ladite Requête de l'Hôpital

» de Sainte Catherine , *les Parties feroient fommairement*
» *ouïes , & que la demande feroit jointe à ladite inftance*
» *des Requêtes refpectives* ».

Le Chapitre de Saint Germain avoit déja fait fignifier, le 27 Octobre 1678 , un acte par lequel « il avoit
» protefté de nullité des proteftations faites par les Re-
» ligieufes de l'Hôpital de Sainte Catherine , contre
» l'Arrêt du Confeil du 14 Juillet 1677 , comme té-
» méraires , injurieufes & directement contraires audit
» Arrêt qu'elles devoient exécuter » ; & fur leur per-
févérance dans les vues qui les conduifoient, il leur
avoit fait encore fignifier, le 19 Novembre 1681 , un
nouvel acte , pour leur déclarer « que tous les procès &
» différends qu'ils avoient enfemble , pendans au Confeil,
» au fujet du Cimetiere & des Charniers des Saints In-
» nocens , avoient été précifément & formellement dé-
» cidés par l'Arrêt du 14 Juillet 1677 , rendu contra-
» tradictoirement , après une ample difcuffion de leurs
» demandes & défenfes refpectives , énoncées dans leurs
» Requêtes , fur lefquelles étoit intervenu ledit Arrêt ,
» & fur les pieces & titres produits de part & d'autre ;
» *enforte qu'il n'étoit refté entre lefdits du Chapitre de*
» *Saint Germain & lefdites Religieufes , qu'une feule &*
» *unique queftion concernant la demande faite par lefdites*
» *Religieufes du tiers des rentes des conceffions & per-*
» *miffions de bâtir fur partie des anciens Charniers , don-*
» *née par ledit Chapitre , laquelle avoit été renvoyée au*
» *Parlement de Paris* ; & que lefdites Religieufes
» ayant exécuté les fufdits Arrêts du Confeil , enfemble
» le contrat de conftitution fait à leur profit , fans au-

---

fonciere & de Sei-
gneurie directe , ap-
partenans au Chapi-
tre de SaintGermain,
fur les terrains du Ci-
metiere des Saints
Innocens.

» cune proteſtation ni réclamation contre ce qui étoit
» contenu auxdits Arrêts , leſdites Religieuſes étoient
» non-recevables à vouloir traverſer ladite exécution ».

Après la ſignification à lui faite , le 14 Janvier 1682 ,
de l'Arrêt *du 30 Décembre 1681* , & de la Requête inférée en cet Arrêt , le Chapitre donna , le 4 Février
1682 , la ſienne en réponſe, pour faire rejeter la demande en caſſation formée par l'Hôpital de Sainte Catherine.

Arrêt du Conſeil d'Etat, du 16 Mai 1684, qui déboute l'Hôpital de Sainte Catherine de ſa demande en caſſation.

Enfin, le 16 Mai 1684 , il intervint , au rapport du
ſieur *Dugué de Bagnoles* , Maître des Requêtes , après
qu'il en eut communiqué aux ſieurs *de Bezons* , *Beſnard* ,
de Caumartin , *de Pommereu* , *d'Argouges* , *Bignon &*
de la Reynie , *Conſeillers d'Etat* , un nouvel Arrêt « par
» lequel Sa Majeſté , *faiſant droit ſur les Requêtes reſpec-*
» *tives* , a ordonné & ordonne que , dans quinzaine ,
» du jour de la ſignification du préſent Arrêt , leſdits
» Adminiſtrateurs , Prieure & Religieuſes de Sainte
» Catherine ſeront tenus de nommer un Expert, pour,
» avec celui ci-devant nommé par leſdits Doyen , Cha-
» noines & Chapitre de Saint Germain-l'Auxerrois ,
» toiſer & meſurer la place *par eux priſe ſur ledit Ci-*
» *metiere, pour leſdits deux revers de pavé* , & procéder
» à la liquidation du dédommagement adjugé pour rai-
» ſon de ce auxdites Religieuſes par ledit Arrêt du 14
» Juillet 1677 , ſur le pied & ſuivant qu'il a été réglé
» *par ceux des* 18 *Octobre &* 21 *Juillet* 1670 , dont elles
» ſeront payées par leſdits du Chapitre , à compter du
» 18 Août 1674 ; *déboute Sa Majeſté leſdits Adminiſtra-*

» *teurs*, *Prieure & Religieuses*, du surplus du dédomma-
» ment par elles prétendu , *& de leurs Requêtes des* 12
» *Novembre &* 30 *Décembre* 1681.

Les Adminiſtrateurs & Religieuſes de l'Hôpital de Sainte Catherine ayant été ſi ſolemnellement déboutés , & de leur Requête du 12 Novembre 1681, & de leur demande en caſſation, inférée dans l'Arrêt du 30 Décembre ſuivant, furent, pour cette fois, condamnés à un ſilence éternel , ſur la vieille prétention qu'ils ne ceſſoient d'élever , par rapport à *la qualité de Seigneur foncier*, *direct & Propriétaire du Cimetiere & des Charniers des SS. Innocens*. Ils ne firent plus difficulté de nommer un Expert , pour procéder à l'eſtimation du dédommagement qui leur étoit dû , à raiſon des deux revers de pavé & écoulement des eaux faits dans ce Cimetiere. Le Chapitre leur offrit , pour cet objet, & d'après le rapport de ſon Expert , de leur faire une rente de 42 liv. 12 ſ. 8 d. Ils ne manquerent pas de s'élever contre ce rapport & cette offre , en demandant, ſuivant l'avis de leur Expert , un fonds certain & aſſuré de 138 liv. 14 ſ. de revenu annuel , avec les arrérages du paſſé. Il y eut un référé ſur lequel , par Arrêt du 5 Juin 1685 , « Sa Majeſté , en ſon Conſeil, faiſant droit » ſur ledit référé , a liquidé & liquide ledit dédomma- » gement, à la ſomme de 48 liv. de rente , par chacun » an , &c. ».

Tout fut donc alors conſommé , entre le Chapitre de Saint Germain & l'Hôpital de Sainte Catherine ; & les efforts mêmes que cet Hôpital avoit faits pour diſputer au Chapitre fa propriété fonciere & fa Seigneurie directe, fur les terrains du Cimetiere & des Charniers des Saints Innocens, n'avoient fervi qu'à rendre plus inébranlable le droit contefté.

Mais ce droit fut également affermi, vis-à-vis du Domaine Royal.

Par Arrêt du Confeil, revêtu de Lettres-Patentes du 28 Décembre 1666, enregiftrées en la Chambre du Tréfor, *le 19 Février 1667*, il avoit été ordonné « qu'il feroit inceffamment procédé à la confection „ d'un *nouveau papier terrier, & reconnoiffance de toutes* „ *les Terres & Seigneuries, Maifons, héritages & autres* „ *lieux & droits, tant en fief qu'en cenfive, dans l'éten-* „ *due des Ville, Prévôté & Vicomté de Paris, anciens* „ *refforts & enclaves d'icelle, aux bornes & limites des* „ *Territoires & Seigneuries voifines* ». Il avoit été nommé en conféquence, par autre Arrêt du Confeil, du 3 Mars 1667, deux Commiffaires, pour recevoir les déclarations.

Le Chapitre de Saint Germain-l'Auxerrois fatisfit à ces Arrêts : il fournit fes déclarations, *les 22 Décembre 1673, & 29 Mars 1675.*

Celle du 22 Décembre 1673 porte, entr'autres chofes, « que, conformément à fes titres & déclarations, ce » Chapitre eft, *de temps immémorial, Seigneur cenfier* » *& Propriétaire*, dans l'étendue des Ville, Prévôté & » Vicomté de Paris ; 1°. *du Fief de Saint Germain-* „ *l'Auxerrois.....* *Item*, que lefdits fieurs du Chapitre „ de Saint Germain-l'Auxerrois, à caufe de leurdit Fief

» de Saint Germain , *font Seigneurs cenfiers , fonciers &*
» *Propriétaires* des Maifons fituées , rue de la Féronnerie ,
» le long du Cimetiere des Saints Innocens , & aux ex-
» trémités d'icelle rue , fur les rues de Saint-Denis &
» de la Lingerie , *enfemble dudit Cimetiere , Charniers*
» *d'icelui , & Bâtimens au-deffus ,* comme auffi de la Mai-
» fon Presbytérale des Saints Innocens ».

La même déclaration & la fuivante font voir , au
furplus , le détail des différens Fiefs & des diverfes
Cenfives qui appartenoient au même Chapitre , dans l'ancien territoire de fon Eglife , & ailleurs.

Les titres & pieces , à l'appui de tous les articles contenus dans les déclarations ci-deffus , ayant été produits
par le Chapitre , ils furent examinés & difcutés contradictoirement avec le Procureur du Roi en la Chambre
du Tréfor : les Parties intéreffées furent appelées &
entendues ; & par fa Sentence *du 18 Mai 1675 ,* cette
Chambre « a ordonné & ordonne que la déclaration
» faite par le Chapitre , *le 22 Décembre 1673 , fera re-*
» *çue & enregiftrée au Greffe* de ladite Chambre , pour
» *être inférée au papier terrier de Sa Majefté ; ce faifant ,*
» *a maintenu & gardé lefdits fieurs du Chapitre de Saint*
» *Germain ,* en la poffeffion du Fief de Saint Germain-
» l'Auxerrois , à caufe duquel leur appartient le fonds.....
» *comme auffi aux droits de cenfives , lods & ventes , fai-*
» *fine & amende , le cas y échéant , fur les lieux ainfi*
» *qu'il enfuit ...... Item ,* fur les Maifons fituées dans
» la rue de la Féronnerie , le long du Cimetiere des Saints
» Innocens , & aux extrémités d'icelle rue , fur les rues

Sentence de la Chambre du Tré-for , rendue contra-dictoirement avec le Procureur du Roi en cette Chambre , le 18 Mai 1675 , & par laquelle le Cha-pitre de Saint Ger-main eft maintenu dans fes droits & qualités de proprié-taire foncier , & de SEIGNEUR direct des terrains du Cimetie-re des Saints Inno-cens.

>> Saint-Denis & de la Lingerie , *desquelles Maisons ils*
>> *sont Propriétaires & Seigneurs , ensemble dudit Cime-*
>> *tiere , Charniers d'icelui , & Bâtimens au-dessus* , comme
>> aussi de la Maison Presbytérale des Saints Innocens ».

Procès-verbal de vérification des 31 Janvier & 3 Février 1676, pour le bornage.

Il étoit aussi ordonné par la même Sentence du 18
Mai 1675 , « que le Chapitre feroit insculpter en pierre,
» cuivre , ou autre matiere convenable , au-dessus des
» principales portes des Maisons dépendantes dudit Fief
» de Saint Germain-l'Auxerrois,les Armes desdits Doyen,
» Chanoines & Chapitre de Saint Germain-l'Auxerrois,
» *& feroit borner lesdits Fiefs par le Lieutenant-Général*
» *de la Chambre , en présence du Procureur du Roi , &*
» *mettroit au Greffe de la Chambre le plan d'iceux , dans*
» *deux mois* ». C'est à quoi le Chapitre eut encore soin
de satisfaire. Il fit dresser le plan de ses Fiefs & Censives ;
il le remit au Greffe de la Chambre du Trésor ; & tous
les articles ayant été vérifiés, sur les lieux, par le Lieutenant-Général de cette Chambre , *en présence du Procu-*
reur du Roi , il fut dressé , les 31 Janvier & 3 Février
1676 , procès-verbal de cette vérification. Il suffit d'y
observer , qu'à la descente faite , le 3 Février 1676, dans
la rue de la Féronnerie , il fut déclaré « que le
» Chapitre de Saint Germain *avoit droit de censive*, sur
» toutes les Maisons de ladite rue , du côté du Cime-
» tiere des Saints Innocens , sur la Maison Presbytérale,
» ensemble sur toutes les Maisons bâties *sur les Char-*
» *niers & au-dedans dudit Cimetiere* . . . . . » Et en conséquence ordonné , que, « pour marque de ladite censive,
» feroient mises deux bornes ; savoir , une entre la Mai-
>> son

» fon defdits fieurs du Chapitre....., & que fur *les*
» *portes dudit Cimetiere, & fur toutes les Maifons bâ-*
» *ties fur lefdits Charniers, & au-dedans dudit Cimetiere,*
» *feroient gravées les armes dudit Chapitre* ».

Il ne reftoit plus à faire que le bornage. Il fut procédé à cette derniere opération, en 1704, par le Commiffaire de la Chambre du Domaine & du Tréfor, *affifté
du Procureur du Roi.* Le procès-verbal fut commencé, le
22 Février de cette même année 1704, & tout y eft
difcuté contradictoirement avec le Procureur du Roi. On
voit, à la vacation *du 28 de ce mois*, que les endroits,
pour le placement des bornes, furent marqués de maniere qu'elles embraffoient, dans la cenfive du Chapitre, tous les terrains du Cimetiere & des Charniers des
Saints Innocens. Il y eft ordonné, « que les bornes fe-
» ront mifes, aux armes defdits du Chapitre, pour marque
» de leur cenfive, depuis ladite maifon presbytérale. .....
» *& généralement fur toute l'étendue du Cimetiere des*
» *Saints Innocens, enfermé entre les cinq bornes ci-deffus* ».

C'eft ainfi que le Chapitre de Saint Germain-l'Auxerrois a été folemnellement reconnu feul Seigneur direct,
feul Propriétaire foncier des terrains du Cimetiere & des
Charniers des Saints Innocens, non-feulement vis-à-vis
de l'Hôpital de Sainte Catherine, par les Arrêts du Confeil de 1669, 1670, 1677 & 1684, mais encore vis-
à-vis du Domaine Royal ; de maniere qu'il ne pouvoit
plus y avoir aucun retour à craindre.

Et, en effet, le Chapitre de Saint Germain-l'Auxerrois, jufqu'en 1740, époque de fa tranflation & de fa

Procès-verbal de
bornage fait, en 1704,
contradictoirement
avec le Procureur du
Roi, en la Chambre
du Tréfor.

H

réunion au Chapitre de l'Eglife de Paris, & depuis cette époque jufqu'à préfent, le Chapitre de Paris, ont joui paifiblement de tous les droits qui leur étoient fi folemnellement affurés, en même temps qu'ils ont religieufement acquitté toutes les charges dont ils étoient tenus.

Telle eft la feconde claffe des faits. N'eft-elle pas déja la démonftration la plus complete de la juftice de la réclamation des Supplians?

TROISIEME CLASSE DE FAITS,

Concernant les demandes qui ont donné lieu à l'Arrêt du Confeil du 25 Octobre 1785.

Dans cet état des chofes, les Supplians devoient-ils s'attendre à l'Arrêt du Confeil du 25 Octobre 1785, rendu fur la Requête non communiquée du fieur Infpecteur-Général du Domaine? Les Supplians ne peuvent diffimuler la furprife que cet Arrêt leur a caufée. Si la poffeffion publique & notoire du Chapitre de Saint Germain, ne fuffifoit pas pour faire connoître fes droits, comment fes armes mifes fur les principaux lieux qui forment comme l'enclave du Cimetiere & des Charniers des Saints Innocens, n'avertiffoient-elles pas qu'au moins il étoit naturel d'appeler & d'entendre le Chapitre de Paris?

Et de quels points le fieur Infpecteur-Général du Domaine eft-il parti, pour former fes demandes?

Il débute, dans fa Requête, en difant « que les
» Adminiſtrateurs de l'Hôpital de Sainte Catherine pré-
» tendent, *que le tiers de la feigneurie & propriété* de
» l'emplacement du Cimetiere des Saints Innocens *leur*
» *appartient par indivis avec le Chapitre de Notre-Dame*
» *de Paris;* que ces droits *de propriété directe & utile*
» du terrain dont eſt queſtion, font annoncés dans un
» Mémoire que leſdits Adminiſtrateurs ont préſenté à
» M. le Lieutenant-Général de Police ; qu'ils y ont dé-
» claré, que s'en rapportant aux lumieres des Magiſ-
» trats, & à leur zele pour le bien public, fur la fup-
» preſſion ou continuation de l'uſage du Cimetiere dont
» il s'agit, *ils demandoient d'être maintenus & gardés dans*
» *la feigneurie & propriété du tiers par indivis du terrain*
» *fur lequel il eſt fitué ;* que les mêmes Adminiſtrateurs
» foutiennent, *qu'ils ont en leur faveur l'autorité de la*
» *chofe jugée,* comme il réſultoit d'une Sentence du
» Prévôt de Paris, du Mardi avant *Noël* 1371, d'une
» autre Sentence des Requêtes du Palais *du* 28 *Mai* 1655,
» d'un Arrêt du Parlement du 21 Mars 1659, & *de*
» *plufieurs Arrêts du Confeil* ».

Analyfe de la Re-
quête du fieur Infpec-
teur-Général du Do-
maine.

Si le fieur Infpecteur-Général du Domaine avoit eu
fous les yeux, les titres ainfi invoqués dans le Mémoire
qu'il annonce comme ayant été donné par les Adminiftrateurs de l'Hôpital de Sainte Catherine, il y auroit vu
tout le contraire de ce qui eſt allégué dans ce Mémoire ;
il auroit reconnu, tant par l'Arrêt du Parlement, du 9
Août 1567, & autres Jugemens, que par les Arrêts du Confeil, *des* 18 *Octobre* 1669, 14 *Juillet* 1677 *& 16 Mai* 1684, que
le Chapitre de Saint Germain-l'Auxerrois avoit été déclaré

feul *Seigneur foncier, direct & propriétaire* des terrains du Cimetiere & des Charniers des Saints Innocens, & même que par l'Arrêt du 16 Mai 1684, *les Adminif-trateurs, Prieure & Religieuſes de l'Hôpital de Sainte Catherine*, avoient été formellement déboutés de leur demande en mainte nue dans le tiers de la ſeigneurie & propriété de ces terrains. Il n'auroit donc pu ſe tromper ſur ce point.

Le ſieur Inſpecteur - Général du Domaine joute, « que les prétentions des Adminiſtrateurs de l'Hôpital » de Sainte Catherine, ont excité l'attention des Admi- » niſtrateurs Généraux du Domaine, & que d'après la » recherche & l'examen des monumens relatifs à la pro- » priété & ſeigneurie du Cimetiere des Saints Innocens, » ils ont été perſuadés que le terrain où il eſt placé, » faiſoit partie du Domaine du Roi ».

On verra par la ſuite ce qu'il faut penſer de cette perſuaſion & des motifs qui en ſont les fondemens, d'après le compte qu'en rend le ſieur Inſpecteur-Général du Domaine. Il ſuffira d'obſerver ici, que les monumens qui lui font adopter le ſyſtême des Adminiſtrateurs du Domaine, ſe réduiſent à quelques paſſages tirés d'E-crivains modernes, & principalement au témoignage du Commiſſaire Lamarre, dans ſon Traité de la Police, & à celui de Sauval, dans l'Hiſtoire des Antiquités de Paris, en ce que l'un, *tome premier, page 75*, dit, « que nos *premiers Rois* avoient donné une partie de » leur Domaine ſitué dans les lieux appelés *Campela*, » en françois, *Champeaux*, pour faire *un Cimetiere* »; & l'autre, *tome premier, page 358*, « qu'en 1180, le

» Cimetiere des Saints Innocens fut clos & muré par
» Philippe-Auguste, & qu'il fut pris & enclos une partie
» d'un emplacement appelé *Champeaux*, où se vendoient
» pour lors des bestiaux ; qu'il le fit bâtir, pour éviter
» le mauvais air & la corruption des corps morts ».
Voilà principalement ce qui paroît décider le sieur Inspecteur-Général du Domaine à penser, que l'emplacement du Cimetiere des Saints Innocens appartient au
Domaine Royal.

Si désormais il falloit que, sur la foi de ce qu'il plaît à
quelques Ecrivains d'avancer, les droits de seigneurie &
de propriété fussent enlevés à ceux qui en jouissent,
pour être transmis à ceux au profit desquels ces Ecrivains
donneroient leurs suffrages, certes, la loi des propriétés,
cette loi la plus inviolable, la plus sacrée de toutes,
cette loi à laquelle le Souverain équitable déclare qu'il
est lui-même *dans une heureuse impuissance de porter
atteinte*, ne seroit-elle pas essentiellement compromise ?

Le Chapitre doit se le persuader, jamais de semblables
citations n'ont été & ne seront des titres. Et d'ailleurs, il
sera démontré par la suite, que Lamarre & Sauval n'ont
allégué qu'au hasard ce qu'ils disent, & que les Auteurs
anciens où ils ont puisé ou dû puiser, tiennent un langage bien différent du leur.

Ce n'est point encore assez ; le sieur Inspecteur-Général
du Domaine, a cru qu'il y avoit une instance formée
entre les Administrateurs de l'Hôpital de Sainte Catherine, *& le Chapitre de l'Eglise de Paris*, au sujet de la

propriété fonciere & de la feigneurie directe fur l'emplacement du Cimetiere des Saints Innocens. C'eft en partant
de la fuppofition de cette inftance, qu'il entre dans fes
conclufions, en demandant « qu'il lui foit donné acte
» de ce qu'il fe rend Partie dans la conteftation qui,
» dit-il, s'eft élevée entre les Adminiftrateurs - Gé-
» néraux du Domaine, les Adminiftrateurs de l'Hôpital
» de Sainte Catherine, *& le Chapitre de l'Eglife de
» Paris*, concernant la réclamation de la propriété fon-
» ciere & de la feigneurie directe, fur l'emplacement du
» Cimetiere des Saints Innocens »,

Depuis l'Arrêt du Confeil, du 16 Mai 1684, qui a
débouté les Adminiftrateurs de l'Hôpital de Sainte Catherine, de leur demande en caffation de l'Arrêt du 14
Juillet 1677, ainfi que de leur Requête du 12 Novembre
précédent, ni le Chapitre de Saint Germain-l'Auxerrois,
ni celui de l'Eglife de Paris, depuis qu'il eft fubrogé aux
droits du premier, n'ont jamais eu la moindre conteftation avec ces Adminiftrateurs, touchant le droit de propriété fonciere & de feigneurie directe, fur les terrains de
ce Cimetiere. Et bien loin de-là, d'un côté, ces mêmes
Adminiftrateurs, ainfi que les Prieure & Religieufes de
l'Hôpital de Sainte Catherine, ont formellement acquiefcé,
lors de l'Arrêt du Confeil du 5 Juin 1685, tant à celui
du 16 Mai 1684, qu'à ceux des 18 Octobre 1669 & 14
Juillet 1677, &, d'un autre côté, ils ont continué, depuis
cent ans, à cimenter cet acquiefcement, en recevant les
rentes qui leur font faites, pour les dédommagemens à
eux accordés & liquidés par ces Arrêts.

On ne fait donc pas ce que le fieur Infpecteur - Général du Domaine veut dire, quand il parle d'une *contef-tation élevée entre les Adminiftrateurs de l'Hôpital de Sainte Catherine & le Chapitre de l'Eglife de Paris*, concernant *la réclamation de la propriété fonciere & de la feigneurie directe fur l'emplacement du Cimetiere des Saints Innocens*. Seroit-ce le Mémoire que, dans le début de fa Requête, il dit avoir été préfenté par ces Adminiftrateurs, à M. le Lieutenant-Général de Police, qui lui auroit paru donner l'exiftence à cette conteftation ? Mais, outre que ce Mémoire n'a jamais été communiqué aux Supplians, qui conféquemment n'y ont fait ni pu faire aucune réponfe, comment la fimple remife d'un pareil Mémoire au Magiftrat de la Police, auroit-elle pu lier, fans autre forme de procès, une inftance au Confeil ?

C'eft cependant d'après cela, que le fieur Infpecteur - Général du Domaine, conclut, « à ce que, » *fans s'arrêter aux demandes du Chapitre de l'Eglife* » *de Paris* & de l'Hôpital de Sainte Catherine, *dont ils* » *feroient déboutés*, la propriété fonciere & la Seigneurie » directe fur le terrain du Cimetiere des Saints Innocens, » foient déclarées appartenir à Votre Majefté ».

. Le Confeil aura donc, fans doute, été lui-même étonné de ce chef de conclufions, qui tend à ce qu'il plaife à Votre Majefté, *débouter le Chapitre de l'Eglife de Paris de fes demandes*, lorfqu'il a vu qu'il n'y avoit aucune demande formée, de fa part. C'eft pourquoi l'Arrêt rendu, le 25 Octobre 1785, ne fait nulle mention de ces demandes, ni même du Chapitre de l'Eglife de Paris.

Si ce Chapitre avoit été entendu, & que ſes titres euſſent été produits, le ſurplus de la requête du ſieur Inſpecteur-Général du Domaine, auroit-il fait plus d'impreſſion ? Mais le véritable état des choſes étoit ignoré, & l'erreur ſeule a pu donner lieu à l'Arrêt du 25 Octobre 1785.

Cet Arrêt porte que « Votre Majeſté, en ſon Conſeil, » *ayant égard à la requête*, a déclaré & déclare *le terrain* » *du Cimetiere des Saints Innocens faire partie du Domaine* » *de la Couronne ;* ordonne en conſéquence Sa Majeſté, » que ledit terrain ſera & demeurera réuni au domaine, » *du jour du préſent Arrêt,* pour être régi & adminiſtré » par Fançois Mellin, chargé de la régie des Domaines » de Sa Majeſté, ou être employé à tel objet d'utilité » publique qu'il appartiendra ».

Ceſt ainſi que, ſur le ſeul fondement de quelques paſſages fugitifs trouvés dans les écrits d'Auteurs qui, comme on le verra, ne s'appuient ſur aucun titre, ſur aucun monument, & d'après la requête non communiquée du Sr Inſpecteur-Général du Domaine, les titres les plus anciens & les plus autentiques ſeroient annéantis ; c'eſt ainſi qu'une poſſeſſion de pluſieurs ſiecles, une poſſeſſion conſtante, publique & affermie par les contradictions mêmes qu'elle a éprouvées, en divers temps, ſeroit comptée pour rien ; c'eſt ainſi que les Arrêts les plus contradictoires & les plus ſolemnels, tant du Conſeil d'Etat que du Parlement, ſe trouveroient annullés ; c'eſt ainſi que les déclarations faites en conſéquence de Lettres-Patentes, au papier terrier de Sa Majeſté, pour les Ville, Vicomté & Prévôté de Paris, & contradictoi-

rement

Arrêt du Conſeil
du 25 Octobre 1785.

rement reçues , après vérification , ne feroient plus d'aucune valeur ; c'eft ainfi que les bornes plantées, d'après un Procès-verbal de bornage dreffé par les Officiers défenfeurs nés du Domaine , & les armoiries du légitime propriétaire & du Seigneur reconnu , mifes par Ordonnance du Domaine lui - même , n'auroient été qu'un vain appareil ; enfin , c'eft ainfi qu'après avoir payé, dans le temps, aux Marguilliers des Saints Innocens , des fommes confidérables , à titre de dédommagement , & , depuis un fiecle , diverfes parties de rentes à l'Hôpital de Sainte Catherine , auffi pour dédommagement , non - feulement à raifon des maifons bâties fur le terrain détaché du Cimetiere des Saints Innocens , mais encore à caufe *des revers de pavé & des écoulemens des Eaux faits dans ce Cimetiere* , le Chapitre de Paris fe trouveroit réduit, ou à fupporter ces charges , d'une maniere gratuite , ou à former des demandes , pour s'en faire libérer.

Les Suppliants font dans la ferme perfuafion , que quand le Confeil aura fous les yeux les titres qui juftifient les droits qu'ils font forcés de réclamer, ce Tribunal augufte en reconnoîtra toute la légitimité. C'eft avec regret qu'ils fe voient dans l'obligation de demander la révocation de l'Arrêt qu'il a rendu ; mais , ils ne font que céder à la loi même de la néceffité. Il ne leur eſt pas permis d'oublier des droits auſſi importans. C'eſt même un hommage qu'ils doivent à la juſtice ſuprême de Votre Majeſté, que d'éclairer ſa religion, ſur ce qui intéreſſe ſi eſſentiellement l'Egliſe que nos Rois ont toujours traitée, ont toujours honorée, comme leur *Egliſe-Mere*, comme *leur Paroiſſe*, & à qui Votre Majeſté rend ces titres encore plus précieux & plus chers. La confiance des Suppliaus eſt donc le tribut qu'ils doivent à Votre Majeſté, en même-temps que celui de leur reſpeſt & de leur foumiſſion, par rapport à l'objet d'utilité publique, que l'Arrêt du 25 Octobre 1785, annonce comme étant celui de ſes vues paternelles.

Les faits qu'ils ont expoſés ſuffiroient ſeuls, ſans doute, pour établir la juſtice, ainſi que la néceſſité de leur oppoſition à cet Arrêt. Ils n'ont point à craindre ces diſcuſſions polémiques qui ne tendent qu'à rendre problématiques des vérités certaines, ou qu'à faire héſiter la Loi ſur elle-même. Le ſieur Inſpeſteur-Général du Domaine n'eſt pas moins connu par ſon amour pour la vérité, que par ſon zele pour les intérêts précieux qui lui ſont confiés, & ſes lumieres mêmes feront pour les Suppliaus, un nouveau motif de ſécurité, dès qu'il aura pris communication de leurs titres.

Mais afin de porter juſqu'au degré de la démonſtration, dans tous les eſprits, la légitimité de la réclamation du Chapitre, on va rappeler les principes qui doivent fervir de regles pour la décifion, & faire voir que, fous tous les rapports, la prétention du fieur Infpecteur-Général du domaine eft inadmiffible, & n'offre qu'un édifice qui s'écroule fur lui-même.

MOYENS.

LE CHAPITRE de l'Eglife de Paris n'a befoin, pour fe faire recevoir oppofant à l'Arrêt du 25 Octobre 1785, que de rappeler les Loix, d'après lefquelles les titres qu'il produit, doivent le faire maintenir dans les qualités & les droits de propriétaire foncier & de Seigneur direct des terrains du cimetiere des Saints Innocens, & des lieux qui en dépendent. Mais comme il paroît, que l'intention de Votre Majefté eft que ces terrains foient déformais employés à un autre ufage public & profane, les Supplians, en fe conformant à cette intention, ont encore à réclamer la juftice de Votre Majefté, foit pour être autorifés à difpofer des terrains dont il s'agit, fous le point de vue de la nouvelle deftination qui en eft faite, foit pour obtenir une indemnité proportionnée, par fa nature & par fa valeur, à la nature & à la valeur des droits qui leur appartiennent fur ces mêmes terrains.

Divifion des moyens en deux Propofitions.

Tel fera donc le double objet de la premiere Propofition.

La feconde, qui ne fera que comme le corollaire de la premiere, établira que le fieur Infpecteur-Général du Domaine eft également non-recevable & mal fondé dans les demandes qu'il a formées, & par-là, elle deviendra la réfutation de son système.

Le résultat de ces deux propositions sera, qu'il est de la justice de Votre Majesté, en rétractant l'Arrêt du 25 Octobre dernier, d'accorder au Chapitre de l'Eglise de Paris, ou la libre disposition des terrains dont il est question, après qu'ils auront été profanés & rendus au commerce, suivant les regles; ou l'indemnité qu'ils sont en droit d'attendre, comme Seigneurs & Propriétaires.

Ce plan paroît embrasser toutes les branches de l'affaire, & propre à préparer une décision digne de la sagesse de Votre Majesté & de son Conseil.

PREMIERE PROPOSITION.

Le Chapitre de l'Eglise de Paris est seul Propriétaire Foncier & Seigneur direct des terrains du Cimetiere des Saints Innocens, ainsi que des lieux qui en dépendent, & doit, en cette double qualité, si ces terrains sont employés à un autre usage public & profane, en avoir la libre disposition, ou obtenir une indemnité qui soit proportionnée à leur nature & valeur.

<table>
<tr><td>La propriété fonciere & la seigneurie directe du Cimetiere des Saints Innocens, appartenoient à l'Eglise de Saint Germain - l'Auxerrois, dès l'origine.</td><td>LES deux points de cette Proposition sont également incontestables.

EN PREMIER LIEU, la propriété fonciere & la Seigneurie directe des terrains du Cimetiere des Saints Innocens, ainsi que des lieux qui en dépendent, appartien-</td></tr>
</table>

nent au Chapitre de l'Eglife de Paris, comme étant fubrogé aux droits du Chapitre de Saint Germain-l'Auxerrois.

Si l'on ne rapporte point le titre primitif par lequel le Chapitre de Saint Germain-l'Auxerrrois eft devenu propriétaire foncier & Seigneur direct de ces terrains, on apperçoit du moins, dans les anciens monumens qui concernent cette Eglife, des reftes de ces titres.

D'un côté, il eft prouvé, par la premiere claffe des faits, que l'Eglife de Saint Germain-l'Auxerrois fut, dès fon origine, Eglife Canoniale, & prefqu'en même temps Eglife Paroiffiale, & qu'elle eft regardée par les meilleurs Hiftoriens, & notamment par l'Abbé le Beuf, l'un des plus exacts, comme *la plus ancienne Paroiffe de Paris, après la Cathédrale, laquelle*, dit cet Auteur, *étoit originairement la Paroiffe de toute la Cité.*

Il n'eft pas poffible, en effet, que cette Eglife ait eu les attributs & les droits d'Eglife Paroiffiale, fans avoir un cimetiere.

De Hericourt, dans fon *Traité des Loix Eccléfiaftiques de France, feconde Partie, Differtation Hiftorique fur l'origine des Bénéfices*, après avoir établi que, dès le temps de l'Empereur Conftantin, il y avoit des Eglifes qui fervoient de Paroiffes, foit dans les Villes, foit dans les Bourgs & Villages éloignés de la Ville Epifcopale, & que ces Eglifes avoient un ou plufieurs Miniftres Eccléfiaftiques, pour gouverner le peuple, & pour célébrer l'Office divin, obferve qu'à Rome, dans le quatrieme & le cinquieme fiecles, on appeloit *cimetieres*, les Chapelles ou Eglifes qui étoient bâties fur les lieux confacrés par les principaux myfteres de la Religion, ou *fur les tombeaux des Martyrs.*

Cette dénomination fut donnée enfuite aux lieux qui, dans chaque Eglife, fur-tout dans les Paroiffes, étoient deftinés à la fépulture des morts.

C'eft par-là, comme il a été obfervé, que l'emplacement affecté aux inhumations, dans la Paroiffe de Saint Germain-l'Auxerrois, fut dénommé *Cimetiere*, & furnommé Cimetiere *des Saints Innocens*, à caufe du voifinage de l'Eglife auprès de laquelle il eft fitué.

Il exiftoit, ce Cimetiere, long-temps avant Philippe Augufte, comme il eft démontré par le paffage de Rigord, lorfqu'il dit que ce Prince fut informé de la néceffité de faire ordonner la réparation & la clôture du Cimetiere des Saints Innocens, qui anciennement n'avoit été qu'un vafte efpace deftiné à la fépulture de fes habitans: *Perlatum eft ad aures ejus verbum de Cimeterio quod in campellis eft juxtà Ecclefiam Sancti Innocentii ; Cimeterium enim illud antiquitùs fuerat platea grandis omnibus tranfeuntibus pervia, & vendendis mercibus expofita, ubi cives Parifienfes mortuos fuos fepelire confueverant ; .... Cimeterium in quo tot millia virorum fepulta jacebant.*

Ce même Cimetiere appartenoit donc, dès les temps les plus anciens, *antiquitùs*, au Chapitre de Saint Germain-l'Auxerrois.

C'eft ce qui réfulte encore de l'établiffement des diverfes Paroiffes formées, par démembrement, de l'ancien territoire de l'Eglife de Saint Germain, telles que font, entr'autres, les Paroiffes de Saint Euftache, de Saint Sauveur, de Sainte Opportune, & des Saints Innocens, qui, du côté du Cimetiere des Saints Innocens, font voir une partie de l'enclave de ce qui dépendoit originairement de l'Eglife-Mere.

D'un autre côté, il eft également juftifié, par la premiere claffe des faits, que, dans ce territoire appelé *terra Sancti Germani*, ce qui a formé le Fief connu fous la dénomination de *Fief de Saint Germain-l'Auxerrois*, lequel s'étend bien au-delà des lieux où fe trouve le Cimetiere des Saints Innocens, le Chapitre de Saint Germain eut, par l'introduction de la féodalité, outre la propriété fonciere des terrains employés à ce Cimetiere, les droits de directe, & autres droits Seigneuriaux fur ces terrains, ainfi que fur tous les autres où s'étendoit fon Fief.

Mais les Supplians ne prétendent point donner pour titres décififs ces anciens veftiges : ils les préfentent feulement comme des traces auxquelles on peut reconnoître, pour ainfi dire, le paffage des droits de l'Eglife de Saint Germain, à travers les temps qui ont dévoré les premieres archives. Ils ont de véritables titres, des titres confacrés par les Loix du Royaume, & qui fuppléent parfaitement au défaut de ceux dont les viciffitudes n'ont laiffé que l'ombre.

Ce font les titres d'une poffeffion qui, par des actes non interrompus, fe reporte jufques au milieu du quinzieme fiecle, & qui s'enchaîne à celle des temps obfcurs

Réfumé des titres & preuves de la poffeffion immémoriale du Chapitre de Saint Germain,

pour la propriété
fonciere & la Sei-
gneurie directe sur
les terrains du Ci-
metiere des Saints
Innocens.

où a commencé la fondation même de l'Eglife de Saint Germain; ce font des Arrêts folemnels, qui, d'après les titres poffeffoires, ont maintenu le Chapitre de cette Eglife, dans les qualités & les droits de propriétaire foncier & de Seigneur direct des terrains du Cimetiere des Saints Innocens; ce font, enfin, les déclarations faites & reçues contradictoirement au Terrier du Domaine Royal, pour la Ville, Prévôté & Vicomté de Paris, & le Procès-verbal de bornage, dreffé avec les mêmes folemnités.

Quel doute ces différens titres pourroient-ils laiffer fur ce qui fait l'objet de la réclamation des Suppliants? Qu'il foit permis de rappeler les Loix, on verra que ce font elles-mêmes qui réclament.

Autorité de la pof-
feffion immémo-
riale, d'après les
principes généraux
de la matiere.

1°. Perfonne n'ignore qu'en général, la poffeffion immémoriale, ou fimplement centenaire, eft équivalente, & même fupérieure, à certains égards, au titre originaire.

« Il convient à l'état des hommes & à la nature de la
» fociété, (dit l'*Auteur de la Jurifprudence Françoife,*
» *Tome II, Maxime* 640, *Titre de la Prefcription*) qu'on
» ne puiffe les troubler dans la poffeffion des chofes dont
» ils ont joui paifiblement, pendant un temps immémorial.
» Cette jouiffance *fait naturellement préfumer,* en faveur
» du *poffeffeur, un titre qui s'eft perdu,* parce qu'il eft
» naturel de penfer que fi quelqu'autre eût été proprié-
» taire, il n'eût pas négligé fon droit, pendant fi long-
» temps ».

« La poffeffion immémoriale, (*dit auffi Dunod, Traité*
» *des*

» des *Préscriptions, Partie II, Chap. 15,* lorsqu'elle eſt
» prouvée par des *inſcriptions, par des actes, & par d'an-*
» *ciennes énonciations, tient lieu de titre, quand il eſt re-*
» *quis ; elle le forme ou le fait préſumer ;* elle l'emporte
» *ſur le droit commun,* & ſur la préſomption que l'on en
» *tire ; elle a l'effet du privilege, & elle le ſupplée,* ou le
» fait préſumer, lorſqu'il eſt néceſſaire pour acquérir
» quelque droit, ou pour s'en exempter ; elle n'eſt ja-
» mais cenſée excluſe par la Loi qui rejette toute preſ-
» cription, ſi elle ne l'eſt nommément ; comme elle forme
» une préſomption *juris & de jure,* en faveur du poſſeſſeur,
» *l'on ne doit point examiner, s'il y a un titre ;* ſi le titre
» lui nuit, *dans le commencement, le vice de ce titre eſt*
» *purgé par la connoiſſance & le conſentement des Parties*
» *intéreſſées, qui ſont préſumés intervenus par un ſi long-*
» *temps ;* ce n'eſt pas tant une preſcription, qu'un moyen
» d'acquérir par le droit des gens ; & il ne faut avoir égard
» qu'à la poſſeſſion ».

Il ne s'agit pas ici de la poſſeſſion conſidérée comme
voie d'acquérir, par la preſcription proprement dite. Il
n'eſt pas toujours beſoin que la poſſeſſion ſoit immémoriale,
ou même ſimplement centenaire, pour qu'elle devienne un
pareil titre d'acquiſition. Les Loix n'exigent point, comme
on le fait, des temps auſſi conſidérables, à cet effet. La
poſſeſſion dont il eſt ici queſtion, eſt celle dont parle le
profond Dumoulin, quand il dit, ſur l'art. 12ᵉ de la Coutume de Paris : *Præſcriptio centum annorum, habet vim*
conſtituti : undè numquam cenſetur excluſa per legem pro-
hibitivam, & per univerſalia negativa & geminata verba
omnem quamcumque præſcriptionem excludentia.

C'eſt celle dont le célebre Cochin décrit ſi éloquem-

K

ment la force & les effets, quand il dit, « que tout doit
» y céder, dans la nature, parce que c'eft cette poffeffion
» même qui en eft le plus ferme appui, qui en maintient
» l'ordre & l'harmonie, qui en foutient toutes les parties
» dans une pofition immuable, & qui empêche que tout
» ne retombe dans le chaos & la confufion. De tous les
» titres fur la foi defquels les hommes peuvent fe repofer,
» *ajoute ce Jurifconfulte-Orateur*, il n'y en a point de fi fo-
» lide que celui que forme une poffeffion immémoriale;
» elle a la force de la Loi même, *Habet vim Legis &*
» *Conftituti ;* on préfume en fa faveur tout ce qui eft né-
» ceffaire pour qu'elle devienne inébranlable ; Bulles,
» Chartres, Lettres-Patentes, Jugemens folemnels, con-
» fentemens néceffaires, formalités effentielles, tout eft
» fuppléé par la poffeffion centenaire ».

Tels font les rapports fous lefquels feuls les Supplians
invoquent l'autorité de la poffeffion immémoriale. Ils ne
l'offrent que comme le fupplément du titre primitif, qui a
été la proie du temps.

Mais fi la Loi générale donne tant de force & d'effica-
cité à la poffeffion immémoriale ou centenaire, en faveur
de tous les fujets de Votre Majefté indiftinctement, de
maniere qu'avec le fecours de cette poffeffion feule, ils
doivent être reconnus légitimes propriétaires, même des
droits qui tiennent à l'ordre public, comme font les droits
de Juftice, comme eft la Nobleffe même, quelle doit être
l'autorité d'une femblable poffeffion, dans l'affaire dont il
s'agit?

 L'Eglife de France a, fur ce point, une légiflation
qui lui eft propre, & qu'on peut appeler privilégiée.
Cette légiflation eft due tant à la juftice qu'à la piété

de nos Rois, qui ont confidéré que les Eglifes avoient perdu la plupart de leurs titres primitifs, fur-tout dans ces temps d'anarchie, où le Royaume n'avoit été, préfque d'une extrémité à l'autre, qu'un théâtre d'hoftilités. fuivant les difpofitions des Ordonnances.

Et d'abord, l'Edit de 1572, donné par Charles IX, à Amboife, en remédiant aux ufurpations faites par les Seigneurs fur le Clergé, dans les Seigneuries & les Fiefs où les Bénéfices étoient fitués, maintient les Eccléfiaftiques dans la jouiffance des droits, biens, dîmes & Juftices appartenans à leurs Bénéfices. L'article 7 porte : « Et « pour ce que l'une des principales & plus fréquentes « voies de fait dont notre Royaume eft travaillé, provient « de l'ufurpation violente & indue que font plufieurs de « nos fujets, *du temporel des Bénéfices, Juftices, Cen-* « *fives, Terres, Dîmes & Champarts dépendans d'iceux,* « & que ce mal naît principalement de ceux qui, ayant « leurs Maifons, Terres & Seigneuries voifines defdits Bé- « néfices..... Voulons que ceux qui préfentement *ufurpent* « *lefdits lieux & Bénéfices,* aient à en laiffer la *poffeffion* « *vuide dans huitaine,* &c. ».

L'article 47 de l'Ordonnance de Blois, « fait défenfes « d'ufurper, ou faire ufurper par force, violence & au- « trement induement, les *Bénéfices, Maifons, Juftices,* « *Terres, Dîmes, Champarts dépendans d'iceux;* enjoint « à ceux qui ufurpent & détiennent lefdits *lieux & Bé-* « *néfices,* d'en laiffer la *poffeffion vuide & vague,* & « *la jouiffance* paifible defdits droits, auxdits Eccléfiaf- « tiques, &c. ».

L'article 54 de la même Ordonnance, s'exprime en ces termes : « Et fur les remontrances à Nous faites par

» lefdits Eccléfiaftiques, *de la perte de leurs titres, avenue*
» *par l'injure des temps*, au moyen de laquelle ils ne
» peuvent contraindre *leurs redevables à la reconnoiffance*
» *& paiement de leurs droits fonciers*, voulons que, par
» nos Sénéchaux, Baillifs, leurs Lieutenans & autres nos
» Officiers, il foit procédé à la confection *de nouveaux*
» *Terriers des Fiefs & Cenfives des Eccléfiaftiques* ».

L'article 26 de l'Edit de Melun, en rappelant les mêmes
difpofitions, y ajoute : « Et feront tenus les détenteurs
» & propriétaires defdits héritages, *paffer titre nouveau*,
» *& iceux droits payer & continuer, en faifant apparoir par*
» *lefdits Eccléfiaftiques, par l'exhibition des anciens baux,*
» *reddition de compte, & autres documens & information*
» *fommairement faits*, les Parties appelées, iceux droits
» leur être dûs ».

Enfin, l'article 49 de l'Edit de 1695, veut « que les
» Eccléfiaftiques jouiffent de *tous les droits, biens, dîmes,*
» *Juftices, & de toutes autres chofes appartenantes à leurs*
» *Bénéfices ;* fait défenfes à toutes perfonnes de leur y
» donner aucun trouble ni empêchement; *enjoint aux*
» *Cours & Juges* de les y maintenir, fous la protection
» du Roi, *quand même ils ne rapporteroient que des titres*
» *& preuves de poffeffion* ».

Or, il eft démonftrativement prouvé, par la feconde
claffe des Faits, que le Chapitre de Saint Germain avoit,
& que celui de l'Eglife de Paris a continué d'avoir, la
poffeffion immémoriale des droits de propriété fonciere
& de Seigneurie directe fur les terrains du Cimetiere des
Saints Innocens, & fur les charniers qui entourent ce
Cimetiere.

Cette poffeffion paroît déja établie très-anciennement,

foit dans la tranfaction de 1224, *Foſſarios Decanus & ejus ſucceſſores inſtituent & deſtituent, prout eſt hactenus obfer-*:*vatum;* foit dans la Sentence du Prévôt de Paris, du 23 Décembre 1371, & dans l'Arrêt confirmatif, du 29 Janvier 1372, qui font voir que le Chapitre de Saint Germain étoit en poffeffion ancienne & publique d'ordonner du *foſſoyage*, pour l'enterrement des corps venant des diverfes Paroiffes, ainfi que d'autres lieux, dans le Cimetiere des Saints Innocens, fous le bénéfice des droits concédés à l'Hôpital Sainte Catherine, & que les Marguilliers des Saints Innocens furent feulement maintenus dans la poffeffion d'an & jour qu'ils avoient articulée, en leur faveur, pour l'établiffement des foffoyeurs chargés de faire les foffes deftinées aux corps de ceux qui mouroient fur cette Paroiffe, fauf & réfervé auxdites Parties & à chacune d'elles, *la queſtion de la propriété de tout ce dont la poſſeſſion & ſaiſine étoit adjugée à la Partie adverfe.*

Mais cette poffeffion qui, dès le treizieme fiecle, avoit déja fon cours, fe manifefte avec bien plus d'éclat, & fe foutient avec une force invincible, tant dans les titres des 18 Avril 1449, 5 Mars 1574, 29 Mars 1583, 31 Décembre 1610, 3 Juin 1625, 10 Mai 1641, 15 Septembre 1643, titres qui, par leur objet & leur teneur, font à-lafois autant d'actes de propriétaires fonciers & de Seigneurs directs, que dans ceux, des 14 Janvier 1659, 20 Juin 1665, 12 Septembre 1721, 23 Janvier 1745, & 11 Mars 1776, relatifs à la conceffion du 10 Mai 1641; dans ceux des 25 Avril 1715, 18 Juillet 1722, & 9 Août 1760, relatifs à la conceffion du 15 Septembre 1643; dans ceux des 12 Août 1722, 22 Mai 1723, 31 Décembre 1726, 5 & 31 Mai, & 6 Août 1743, 20 Juin 1759, 23 Juillet 1778,

& autres relatifs à la seconde conceſſion du 15 Septembre 1643 ; &, enfin, dans ceux des 17 Avril 1733 , & 30 Novembre 1776 , relatifs à la Maiſon Preſbytérale des Saints Innocens.

Elle prend de nouveaux degrés de force, dans l'Arrêt du Parlement du 9 Août 1567 , dans la Sentence du Prévôt de Paris , du 16 Décembre 1608 , dans celle des Requêtes du Palais, du 28 Mai 1655 , dans l'Arrêt du Parlement du 21 Mars 1659 , dans l'Arrêt du Conſeil du 18 Octobre 1669 , dans celui du 21 Juillet 1670 , dans celui du 14 Juillet 1677 , dans celui du 16 Mai 1684 , & dans celui du 5 Juin 1685. Ces Jugemens, ces Arrêts montrent que les efforts tant de fois renouvellés par l'Hôpital de Sainte Catherine, pour s'attribuer une partie des droits de propriété & de ſeigneurie , ou pour faire déclarer que la directe appartenoit au Domaine Royal, ſur les terrains du Cimetiere des Saints Innocens, ne ſervirent qu'à rendre plus ferme & plus inébranlable la poſſeſſion où étoit le Chapitre de Saint Germain, comme ſeul propriétaire foncier & ſeul Seigneur direct.

Ainſi affermie, ainſi miſe ſous la garde du Soüverain lui-même , cette poſſeſſion eſt publiquement accueillie, par la Chambre du Tréſor, & vis-à-vis du Défenſeur du Domaine, dans la Sentence du 18 Mai 1675 , ſur la déclaration faite au papier terrier du Roi pour les Ville, Prévôté & Vicomté de Paris, & repoſe paiſiblement dans le Procès - verbal de bornage dreſſé , en 1704, ſous les mêmes auſpices.

Enfin, elle n'a ceſſé de ſubſiſter & de ſe manifeſter juſqu'à ce jour, ſoit par les rentes annuelles que le Chapitre de Paris paye à l'Hôpital de Sainte Catherine, &

qui en font, pour ainſi dire, des témoins toujours vivans, ſoit par les armes & les inſcriptions qui l'expoſent aux yeux du Public.

A la vûe de cette démonſtration, quel doute pourroit-il reſter ſur l'exiſtence de la poſſeſſion immémoriale du Chapitre de Saint Germain & du Chapitre de l'Egliſe de Paris, par rapport aux droits de propriété fonciere & de ſeigneurie directe des terrains du Cimetiere des Saints Innocens ? Cette poſſeſſion ne remonte-t-elle pas, d'âge en âge, & ſans aucune interruption, juſqu'à ces anciens temps où elle va ſe perdre dans le chaos & la confuſion de l'anarchie féodale ?

Le Chapitre de l'Egliſe de Paris, pour obtenir la ré-tractation de l'Arrêt du Conſeil du 25 Octobre 1785, & pour ſe faire faire maintenir dans ſes qualités & ſes droits de propriétaire foncier & de Seigneur direct, ſur les ter-rains du Cimetiere des Saints Innocens, peut donc adreſ-ſer avec confiance, à la juſtice de Votre Majeſté, ce lan-gage auſſi ſimple que digne de cette juſtice ſuprême : « Les Loix du Royaume, ces Loix auſſi reſpectables par » la ſageſſe de leurs motifs, que par leur autorité, l'Edit » d'Amboiſe, l'Ordonnance de Blois, l'Edit de Melun, & » l'Edit de 1695, prenant ſous leur protection ſpéciale » l'état des Egliſes, n'exigent d'elles que des titres & des » preuves de poſſeſſion, pour qu'elles ſoient maintenues » dans tous les droits, biens, dîmes, Seig euries, Juſtices, » & autres choſes qui leur appartiennent : le Chapitre de » l'Egliſe de Paris remplit parfaitement le vœu de toutes » ces Loix ; il rapporte même des titres qui vont bien » au-delà de ceux qu'elles demandent, par rapport à ſa pro-» priété fonciere & à ſa ſeigneurie directe ſur les terrains

» du Cimetiere des Saints Innocens : c'eſt donc par l'effet
» d'une erreur manifeſte, que l'Arrêt du 25 Octobre
» dernier lui enleve cette propriété & cette directe, en
» déclarant que ces terrains font partie du Domaine de
» la Couronne, & en ordonnant qu'ils feront réunis à ce
» Domaine : il doit par conféquent attendre, avec la ré-
» tractation de cet Arrêt, la pleine maintenue dans les
» droits que lui affure fa poffeffion, fous l'autorité des Loix
» qu'il invoque ».

Autorité de la choſe jugée, vis-à-vis du Domaine Royal, dans l'Arrêt du Parlement de Paris, du 9 Août 1567, & dans ceux du Conſeil d'Etat, des années 1669, 1670, 1677, 1684 & 1685.

2°. L'Arrêt du Parlement de Páris, du 9 Août 1567, & ceux du Conſeil d'Etat, des 18 Octobre 1669, 21 Juillet 1670, 14 Juillet 1677, 16 Mai 1684, & 5 Juin 1685, n'adminiſtrent pas feulement la preuve de la pof-feffion immémoriale, qui, fuivant les Loix du Royaume, eſt un titre dont elles fe rendent en quelque forte elles-mêmes garantes ; ces Arrêts ont encore cimenté cette preuve, par l'autorité de la chofe jugée.

Le principal objet de l'adminiſtration de la Juſtice, & le vœu de toutes les Loix faites pour la régler, font de procûrer la fin des conteſtations par les Jugemens qui in-terviennent : « Nous n'avons rien de plus à cœur, difoit » Philippe de Valois, dans fon Ordonnance de 1340, » que de diminuer les Procès, que d'en délivrer nos fujets ; » &, s'il ne nous eſt pas poffible d'en tarir entiérement » la fource, d'en accélérer au moins le terme » ; *Notum facimus univerſis, cordi nobis effe lites imminuere, & à labo-ribus relevare fubjectos, ut finis brevior & debitus litibus imponatur.*

Nos Rois font animés du même efprit, dans toutes les Ordonnances anciennes & modernes, comme on le voit par celle de Louis XI, du mois de Novembre 1479, par

celles

celle de François Ier, de l'an 1535, par celles de Blois &
de Moulins, & fur-tout par celle de 1667. Toutes ces Loix
veulent que les Arrêts & Jugemens rendus en dernier reffort,
aient la ftabilité qu'elles ont elles-mêmes.

Et de-là vient cet axiôme univerfel, que la chofe jugée
doit être refpeêtée comme l'oracle de la vérité, *res judicata pro veritate habetur :* de-là cette exception légale
qui repouffe tout Plaideur, & lui fait impofer filence,
lorfqu'il ofe revenir contre l'Arrêt rendu contradiêtoire-
ment avec lui.

Il eft fans doute des voies par lefquelles la Loi permet
aux Parties condamnées de réclamer contre le Jugement
qui les condamne : mais ce font des voies qu'on peut appeler extraordinaires ; ce font des remedes extrêmes, &
auxquels on ne peut recourir, que dans certains cas, que
dans un délai déterminé, & qu'en obfervant les formalités
prefcrites : telle eft la voie de Requête civile ; telle eft
celle de caffation.

Il n'en eft qu'une qui s'ouvre toujours favorablement,
favoir celle de l'oppofition aux Arrêts & Jugemens rendus
fur Requête. La Partie intéreffée n'ayant été ni entendue,
ni appelée, il eft de toute juftice qu'elle ait le moyen
de faire valoir fes droits. La Loi civile, diêtée par la
Loi naturelle, lui affure ce moyen, dans l'oppofition qu'elle
l'autorife à former au jugement qui n'en eft pas un pour
cette partie : & c'eft le cas où fe trouvent les Suppliants,
par rapport à l'Arrêt du 25 Oêtobre 1785. Mais, quand
un Arrêt eft contradiêtoire, ou qu'il a pris ce caraêtere
par l'acquiefcement dont il a été fuivi, alors auffi ftable
que la Loi même, il ne peut plus être attaqué, que par

L

les voies de la Requête civile ou de caffation, fi .les délais. ne font pas écoulés, & s'il y a des moyens valables.

. Telles font les regles. d'après lefquelles il faut juger de l'autorité de l'Arrêt du Parlement de Paris, du 9 Août 1567, & des Arrêts du Confeil de 1669, 1670, 1677 , 1684, & 1685.

L'Arrêt du Parlement de Paris, du 9 Août 1567, rendu avec *le Sieur Procureur - Général du Roi*, porte, que les Doyen, Chanoines & Chapitre de Saint Germain-l'Auxerrois *font & demeureront Seigneurs - fonciers des Cimetiere & Charniers des Saints Innocens.*

On verra, dans un moment, que cet Arrêt étant inter-- venu avec le Sieur Procureur - Général , doit être regardé comme contradiétoire avec le Domaine Royal.

A l'égard des Arrêts du Confeil d'Etat, de 1669 , 1670 , 1677, 1684 & 1685 , on a déja vu qu'ils avoient jugé la queftion de propriété fonciere & de feigneurie direéte , de la maniere la plus folemnelle & la plus irrévocable.

Et d'abord , il eft manifefte que les Adminiftrateurs , Prieure & Religieufes de l'Hôpital de Sainte Cathcrine ne peuvent plus former aucune réclamation contre ces. Arrêts. Non-feulement ils. font intervenus contradiétoire- ment avec eux, mais encore ils ont été fuivis de l'acquief- cement le plus formel & le plus conftant. Cet acquief- cement n'a même été donné , qu'après que l'Hôpital eut épuifé toutes. les voies qu'il pouvoit prendre , comme on. le voit par l'Arrêt du 16 Mai 1684 , qui l'a débouté de fa demande en caffation formée contre celui du 14 Juillet. 1677, précifément fur le point dont il s'agit aujourd'hui ,, c'eſt-à-dire, pour ce qui concerne la maintenue du Chapitre de Saint Germain dans les qualités & les droits de propriétaire foncier & de Seigneur direct des terrains du Cimetiere des Saints Innocens, & des lieux qui en dépendent. Ainſi tout eſt irrévocablement terminé, à l'égard des Adminiſtrateurs & Religieuſes de l'Hôpital de Sainte Catherine.

Tout ne l'eſt-il pas également, vis-à-vis du Domaine de Votre Majeſté?

On n'ignore pas quelles ſont les prérogatives de ce Domaine ſacré : on fait que l'inaliénabilité, l'impreſcriptibilité en ſont les attributs éminens ; & le Chapitre de l'Egliſe de Paris reſpecte & reſpectera toujours ces caracteres qui tiennent à ceux mêmes de la Couronne.

Mais s'agit-il donc ici du Domaine Royal ? On verra, ſous la ſeconde propoſition, qu'il n'exiſte pas même l'ombre d'un titre, pour faire penſer que les terrains du Cimetiere des Saints Innocens en aient jamais fait partie. Ce qu'on veut établir ici, c'eſt que par les Arrêts de 1567, 1669, 1670, 1677 & 1684, il a été jugé que le Domaine de Votre Majeſté n'avoit pas plus de droit que l'Hôpital de Sainte Catherine, à la propriété fonciere & à la ſeigneurie directe de ces terrains ; de ſorte que, ſous ce point de vue, l'autorité de la choſe jugée milite contre le ſieur Inſpecteur-Général du Domaine.

C'eſt ce qui réſulte, quant à l'Arrêt du Parlement, du 9 Août 1567, du caractere d'Arrêt contradictoire avec le Sieur Procureur-Général qui, ſuivant ces termes, *Oüi ſur ce*, *le Procureur-Général du Roi*, paroît avoir fait plus que de donner des conclufions, lors de cet Arrêt.

Ne faut-il pas juger de même, des Arrêts du Confeil d'Etat de 1669, 1670, 1677 & 1684?

Et, en effet, le Confeil de Votre Majefté, ce Tribunal augufte, où la Loi eft comme dans fon fanctuaire, n'a pas befoin d'être dirigé par l'œil d'un Miniftere public, ni d'être inftruit par un Défenfeur des droits du Souverain. Ce Miniftere réfide éminemment dans les Magiftrats qui le compofent, & tous ont caractere pour prendre la défenfe de ces droits précieux. Du moins eft-ce au Confeil qu'il appartient de juger fi l'affaire foumife à fa décifion, eft fufceptible d'être difcutée contradictoirement avec ceux qui ont titre fpécial pour veiller à la confervation de ces mêmes droits. Lorfqu'il voit, l'orfqu'il juge, que le Domaine n'eft point intéreffé, & qu'en conféquence il prononce, fans en appeler les Adminiftrateurs ou Défenfeurs, la décifion qu'il rend, eft irrévocable pour eux, de même que pour les parties privées vis-à-vis defquelles il eft ftatué.

Et qui croira que les Magiftrats que Louis XIV avoit commis, dès l'année 1667, pour examiner les droits du Chapitre de Saint Germain-l'Auxerrois, fur les terrains du Cimetiere des Saints Innocens, que l'illuftre M. Puffort, ce Magiftrat qui venoit de préfider à la rédaction de l'Ordonnance du mois d'Avril 1667, & au rapport de qui a été rendu l'Arrêt du 18 Octobre 1669, qu'enfin, le Confeil éclairé par de fi grandes lumieres, n'aient pas porté leur attention, fur tout ce qui pouvoit intéreffer le Domaine de la Couronne ? Les loix confervatrices de ce Domaine, étoient-elles alors moins connues qu'aujourd'hui ? Etoit-on moins attentif fur les objets & les droits qui pouvoient en dépendre ? Qu'on en juge par l'Edit du mois d'Avril 1667, & par les autres loix faites avec tant de fageffe & de prévoyance, touchant cette matiere importante.

Il eft vrai que Sauval & Lamarre n'avoient pas encore écrit ce qu'on voudroit préfenter aujourd'hui, pour titre de propriété & de feigneurie, en faveur du Domaine de Votre Majefté : mais on connoiffoit les anciens Auteurs que ces Modernes auroient dû fe contenter de copier, au lieu d'altérer leurs témoignages, & l'on avoit fous les yeux, les titres qui faifoient connoître le véritable propriétaire, le véritable feigneur des terrains du Cimetiere des Sts Innocens, favoir, ceux qui font vifés dans l'Arrêt du 18 Octobre 1669, fous les dates des 18 Avril 1449, 9 Août 1567, 5 Mars 1574, 29 Mars 1583, 16 Décembre 1608, 31 Décembre 1610, 3 Juin 1625, 10 Mai 1641, 5 Juin 1658, *& plufieurs autres titres juftificatifs de l'ufage, feigneurie & propriété des Doyen, Chanoines & Chapitre de Saint Germain-l'Auxerrois fur lefdits Charniers & Cimetieres :* voilà ce qui dicta cet Arrêt du 18 Octobre 1669, ainfi que ceux des 21 Juillet 1670, 14 Juillet 1677, & 16 Mai 1684. Tout ne fut-il donc pas décidé, à l'égard du Domaine Royal, de même que pour l'Hôpital de Sainte Catherine ?

C'eft ce qui doit faire d'autant moins de doute, qu'à

l'époque des Arrêts du Conseil de 1669, & autres fub-féquens, les Infpecteurs-Généraux du Domaine de la Couronne n'étoient pas encore inftitués. A la vérité, il avoit été créé, en 1582, des Offices de Confervateurs des Domaines aliénés ; & ces Offices, après avoir été fucceffivement fupprimés & rétablis, avec les qualifications d'*Infpecteurs-Confervateurs des Domaines*, ne firent place qu'en 1717, aux Infpecteurs-Généraux du Domaine établis par Commiffion : mais les *Infpecteurs-Confervateurs des Domaines*, en titre d'office, n'avoient d'autres fonc-tions que celles de tenir regiftre, ou de dreffer des états de la confiftance des Domaines & droits domaniaux, ainfi que des Fiefs & Domaines mouvans du Roi, & des mu-tations qui pouvoient arriver, dans cette mouvance : ils n'avoient point, comme les fieurs Infpecteurs-Généraux du Domaine l'ont aujourd'hui, l'important miniftere qui donne droit, & même fait un devoir de pourfuivre & de défendre les affaires concernant les Domaines de la Cou-ronne, au Confeil de Votre Majefté.

Il fuit de-là, que lors des Arrêts des 18 Octobre 1669, 21 Juillet 1670, 14 Juillet 1677, & 16 Mai 1684, c'eft fur fon Confeil même, que le Souverain fe repofoit du foin de veiller à la confervation des droits de fon Domaine ; de forte que ces Arrêts doivent être regardés comme rendus avec les Défenfeurs par état, de ce Domaine précieux.

Et qu'on ne dife pas, que la queftion de la Domania-lité Royale fut omife. Il eft démontré par la Requête du Chapitre de Saint Germain, du 13 Septembre 1674, que les Adminiſtrateurs & Religieuſes de l'Hôpital de Sainte Catherine, trop animés ſans doute contre ce Chapitre, « *avoient ſoutenu que la directe & Seigneurie ſur le* » *Cimetiere des Saints Innocens, appartenoient à Sa Ma-* » *jeſté ;* que ce n'avoit pas été ſeulement aux Requêtes » du Palais, & en la deuxieme Chambre des Enquêtes » du Parlement de Paris, que leſdits de Sainte Catherine » avoient tenu ce langage, & mis en avant cette pro- » poſition ; que c'avoit encore été *au Conſeil d'Etat*, ſur » les conteſtations qui y avoient été mues, pour ſavoir » à qui des deux, ou du Chapitre de Saint Germain, ou » dudit Hôpital de Sainte Catherine, on adjugeroit le » droit de préférence, pour bâtir les maiſons de la rue » de la Féronnerie ; mais que par l'événement, après ces » conteſtations, & ſur les mêmes dires & raiſons que » leſdits de Sainte Catherine ne faiſoient que redire & » rebattre, Sa Majeſté l'avoit adjugé auxdits du Cha- » pitre, *avec le titre exprès de directe & de Seigneurie, &* » *de toute propriété,* &c. ».

Ainſi, à partir de l'Arrêt du Parlement de 1567, des Arrêts du Conſeil de 1669, 1670, 1677 & 1684, on peut dire déja, que l'autorité de la choſe jugée, devient comme l'égide des droits du Chapitre de l'Egliſe de Paris, non-ſeulement vis-à-vis de l'Hôpital de Sainte Catherine, mais même vis-à-vis du ſieur Inſpecteur-Général, & de tous Adminiſtrateurs du Domaine de Votre Majeſté.

3°. Mais s'il pouvoit y avoir encore quelque difficulté ſur ce point, la Sentence de la Chambre du Domaine, dans la Sentence de la Chambre du Tré-fo , du 18 Mai 1675 , fuivie du Pro-cès-verbal de bor-nage de 1704.

du 18 Mai 1675, & lé Procès-verbal de bornage, commencé, le 22 Février 1704, n'acheveroient-ils pas de diffiper jufqu'au moindrè nuage?

Cet̃e Sentence, du 18 Mai 1675, a reçu, contradictoirement *avec le Procureur du Roi en la Chambre du Tréfor*, la déclaration que le Chapitre de Saint Germain avoit faite au Terrier de Sa Majefté, ordonné pour les Ville, Prévôté & Vicomté de Paris, & par laquelle il fe portoit non-feulement comme ayant droit de cenfives, fur les *maifons fituées dans la rue de la Féronnerie, le long du Cimetiere des Saints Innocens*, mais encore *comme propriétaire & Seigneur dudit Cimetiere, Charniers d'icelui, & bâtimens au-deffus, & même de la maifon presbytérale de l'Eglife des Saints Innocens.* Et le Procès-verbal de bornage, de 1704, auffi dreffé contradictoirement *avec le Procureur du Roi* en la même Chambre, par un acquiefcement formel à la Sentence ci-deffus, a fixé une circonfcription qui comprend le Cimetiere & les Charniers des Saints Innocens, dans la propriété fonciere & la Seigneurie directe du Chapitre de Saint Germain-l'Auxerrois. Enfin, depuis environ quatre-vingts ans, cette Chambre & toute l'Adminiftration du Domaine du Souverain, par fuite du même acquiefcement ont imprimé à cette Sentence, le même caractere de ftabilité qu'ont les Arrêts les plus contradictoires.

Tout doit donc être regardé comme jugé, comme terminé & confommé avec le Domaine Royal, qu'il ait été réclamé ou non, quelque droit, pour ce Domaine, fur les terrains du Cimetiere, & fur les Charniers des SS. Innocens. C'eft parmi les titres mêmes de la Domanialité Royale,

que

que repofent les droits de propriété foncieie & de Seigneurie directe qui appartiennent au Chapitre de Saint
Germain, & qui, par la tranflation de ce Chapitre, ont
paffé à celui de l'Eglife de Paris.

Tel. eft le dernier rempart qui met ces droits à l'abri
de toute recherche. La Sentence de la Chambre du Domaine, du 18 Mai 1675, & le Procès-verbal de bornage, de 1704, font des titres que le fieur Infpecteur-
Général du Domaine ne peut méconnoître, ni fe difpenfer de regarder comme faits avec le Souverain lui-
même. Son miniftere a été rempli par le Procureur du
Roi en cette Chambre. Cet Officier a été la partie du
Chapitre de Saint Germain, dans la vérification des droits
de ce Chapitre, ainfi que dans les opérations faites pour
tracer la ligne de démarcation, entre le Domaine Royal,
& les propriétés & Seigneuries particulieres : il a difcuté
toutes les pieces produites ; & c'eft avec lui qu'il a été
contradictoirement jugé, que le Souverain n'avoit rien à
prétendre fur la propriété fonciere & la Seigneurie directe
des terrains du Cimetiere des Saints Innocens, cette propriété & cette Seigneurie ne pouvant être conteftées au
Chapitre de Saint Germain.

Ainfi, les Supplians rappeleront avec confiance ces
précieufes maximes qu'établit le Jurifconfulte Mornac,
fur la Loi du Code, *digna vox Majeftate regnantis, le-
gibus alligatum fe Principem profiteri* ; ces maximes qui
difent à tous les François, que le Monarque tempérant,
par l'efprit de confeil & d'équité, l'éclat de l'autorité
fouveraine, daigne fe foumettre lui-même à la loi des
actes, & reconnoître, contre fon propre Domaine, l'autorité

M

même d'une ancienne poſſeſſion ; *Patiuntur quippè (Reges) in noſt·â hâc Galliâ, obtinere adversùs eos privatum quem-libet, ſeu de contractibus cum eis initis agatur......... maximèque ſi de præſcriptione ; præſcribuntur enim per 40 annos bona fiſco addita ex jure peregrinitatis........ & quidquid alio quovis modo in fiſcum ceciderit, donec patrimonio domanioque, ut loquimur, adjectum adunatumque fuerit ; quo caſu, ſola centum annorum præſcriptio eſt, ut tradunt Molineus, Chopinus, Bacquetius ;* ces maximes qui aſſurent, qu'obligé par contrat envers le moindre de ſes ſujets, le Souverain juge toujours qu'il eſt de ſa juſtice, de ne point s'écarter des engagemens qu'il a pris, ſous le ſceau de la foi publique ; *Reges obligari ex contractibus quos cum ſubditorum vel minimo inierint, nec poſſe, quocumque imperio, ſeu de plenitudine poteſtatis, ut loquitur, ab iis recedere quæ fide publicâ facturos ſeſe receperint ;* ces maximes qui atteſtent, que tel eſt l'attribut éminent & diſtinctif de la Souveraineté Françoiſe, que le dernier de la Nation, a la liberté de défendre ſes droits contre le Prince, & que le jugement qu'il obtient contre le Procureur du Roi, doit être exécuté, comme s'il étoit rendu avec un ſimple particulier; *Unum deniquè commendat Principatum Gallicum, quòd, poſito omni metu, vel Gallus minimus ac viliſſimus litem inſtituere poſſit adversùs Principem, depellitque ac excipit Procurator Regius, perindè ac ſi contrà Privatum, nec verò contrà Regem ipſum mota eſſet controverſia ;* ces maximes, enfin, qui veulent que la Juſtice ſoit une, ſoit la même pour le Souverain, & pour les ſujets ſoumis à ſon empire.

Si ces principes font les regles qu'il faut fuivre, pour la décifion des conteftations qui s'élevent entre le Domaine public, & les Domaines particuliers, entre Votre Majefté & fes fujets, avec quel avantage les Suppliants ne doivent-ils pas en attendre l'application à leur caufe?

L'Eglife de Paris eft, fuivant l'expreffion des Lettres-Patentes & autres anciens titres qu'elle a dans fes archives, *la Mere-Eglife & la Paroiffe* de Votre Majefté, celle de la Maifon Royale. A l'exemple de fes auguftes prédéceffeurs, Votre Majefté lui accorde cette protection fpéciale, qui la diftingue entre toutes les autres. Comment auroit-elle à craindre, que la main augufte qui, jufqu'à préfent, ne s'eft ouverte fur elle que pour verfer des bienfaits, lui retirât aujourd'hui ce qui fait partie de fon patrimoine? Son Chapitre préfente à la Juftice fuprême, les preuves les plus démonftratives de fes droits. Ce font les monumens les plus anciens; ce font des Arrêts émanés du Confeil de Votre Majefté, & rendus, dans la plus grande connoiffance de caufe; ce font des Jugemens intervenus contradictoirement avec l'Officier, Défenfeur des droits du Domaine; ce font les titres mêmes de ces droits précieux; comment n'obtiendroit-il pas la juftice qu'il follicite?

EN SECOND LIEU, les Suppliants, en demandant, fur les moyens qu'ils viennent d'établir, la rétractation de l'Arrêt du 25 Octobre 1785, & la maintenue dans la propriété & la feigneurie des terrains du Cimetiere des Saints Innocens, & des lieux qui en dépendent, comme en étant feuls Seigneurs fonciers, directs & propriétaires, font bien

Libre difpofition ou indemnité due au Chapitre de l'Eglife de Paris, en cas que les terrains du Cimetiere & des Charniers des Saints Innocens, foient employés à un autre ufage public & profane.

éloignés de fe refufer à rien de ce que Votre Majefté peut exiger d'eux, pour la deftination & l'emploi de ces terrains, à un autre ufage public & profane, ainfi qu'à rien de ce que la juftice leur impofe, pour le dédommagement qui pourra être dû à l'Hôpital de Sainte Catherine.

1°. Soumis avec refpect aux ordres de Votre Majefté, les Supplians font prêts à fe conformer exactement à fes intentions, fur cette deftination & cet emploi. Ils favent que les intérêts particuliers doivent le céder à l'intérêt public ; que cet intérêt d'un ordre fupérieur, fait un devoir au propriétaire de concourir à l'utilité publique, par le délaiffement de fa propriété ; & que quand le Souverain manifefte fes volontés, à ce fujet, il ne refte plus qu'à obéir.

Mais les droits de propriété demeurent toujours les mêmes, dans leur effence ; ils ne font que changer d'objet, d'application ou d'ufage ; ils font remplacés par une indemnité proportionnée à leur nature & à leur valeur ; & le propriétaire rendu pleinement indemne, ne perd rien, & ne fait le facrifice de fa chofe, que pour celle qu'il reçoit en échange. C'eft ce que la Loi des propriétés dit à tout le monde. Cette Loi eft celle dont émanent toutes les autres ; elle eft le fondement de tous les droits ; elle eft le titre primitif de l'ordre focial ; elle eft l'ame de toute légiflation politique & civile ; c'eft fur fa ftabilité que tout repofe ; & le Souverain daigne reconnoître lui-même, qu'elle eft au-deffus de tout.

Et de-là vient, que quand Votre Majefté deftine certains fonds ou domaines à fon fervice, à l'utilité publique, ou à la décoration des Villes, Elle s'impofe à Elle-même, fi c'eft Elle qui veut avoir ces fonds ou domaines, ou impofe aux Corps de Ville, fi c'eft pour eux qu'Elle les demande, l'obligation d'indemnifer les propriétaires.

De-là vient auffi, que lorfque la main-morte acquiert, à quelque titre que ce foit, des fonds ou héritages, elle eft tenue de payer le droit d'indemnité aux Seigneurs de qui relevent ces fonds ou héritages, pour les dédommager des confifcations, droits de déshérence, droits de lods & ventes, de quint & requint, de reliefs, & autres droits dont ils font privés, par une poffeffion qui fait fortir du commerce les biens ainfi acquis.

De-là vient, enfin, que quiconque fait préjudice à un autre, eft condamné à l'indemnifer, dans tous les cas & toutes les circonftances.

L'Arrêt du 18 Octobre 1669, trace, à cet égard, le plan fur lequel doivent fe mefurer les droits du Chapitre de l'Eglife de Paris. Il s'agiffoit de l'ouverture & de l'élargiffement de la rue de la Féronnerie. Le Roi, par Arrêt de fon Confeil, du 17 Novembre 1667, avoit ordonné que les intéreffés à cet élargiffement mettroient entre les mains de M. Puffort, Commiffaire à ce député, *les titres, pieces & mémoires des dédommagemens par eux prétendus.* L'opération ne pouvoit fe faire, qu'en prenant l'efpace néceffaire fur le terrain du Cimetiere des Saints Innocens. Les Doyen, Chanoines & Chapitre de

Saint Germain-l'Auxerrois, les Adminiſtrateurs & Religieuſes de l'Hôpital de Sainte-Catherine, & les Marguilliers de la Fabrique des Saints Innocens, qui avoient tous
des droits & des intérêts à faire valoir, furent entendus.
C'étoit le procédé de la juſtice.

Quelles furent les demandes des Doyen, Chanoines
& Chapitre de Saint Germain? Elles tendoient à ce qu'il
plût à Sa Majeſté, « iceux maintenir en la qualité & droit
» de *ſeuls Seigneurs fonciers & propriétaires du Cimetiere*
» *des Saints Innocens*, & lieux en dépendans; leur *ad-*
» *juger à eux ſeuls & privativement*, tant *auxdites Reli-*
» *gieuſes de Sainte Catherine, qu'auxdits Curé & Mar-*
» *guilliers de l'Egliſe des Saints Innocens & tous autres*,
» la faculté de faire l'élargiſſement de ladite rue de la
» Féronnerie, & faire conſtruire, à leurs dépens & à
» leur profit, des maiſons le long d'icelle rue, pour en
» jouir librement & *en pleine propriété*, comme étant bâ-
» ties ſur leur propre fonds & direſte; *à la charge toute-*
» *fois des offres par eux faites de dédommager tant leſdites*
» *Religieuſes, des pertes qu'elles pourroient ſouffrir, dans la*
» *perception des émolumens des inhumations & ſépultures,*
» *pour la part & portion qui leur en avoit été adjugée, que*
» *leſdits Marguilliers des Saints Innocens, pour raiſon ſeu-*
» *lement des logemens étant ſur leſdits Charniers & au-*
» *dedans dudit Cimetiere, leur en faiſant bâtir & conſtruire*
» *d'autres ſemblables, dont toutes les Parties conviendroient,*
» *à l'amiable entr'elles;* ſinon, & à faute de ce faire, ſe-
» roient réglées en la maniere qui ſeroit arbitrée par
» ledit ſieur Puſſort; *ſi mieux n'aimoit Sa Majeſté ordon-*

» ner qu'auparavant travailler à l'élargissement de ladite
» rue, par la démolition desdits Charniers, il seroit procédé
» au toisé de la place & espace de terrain & quantité de
» toises qu'il seroit nécessaire de prendre dans lesdits Char-
» niers & Cimetiere, pour l'exécution du plan & devis qui
» auroient été arrêtés au Conseil de Sa Majesté ; & suivant
» icelui toisé, il seroit payé comptant par les Entrepre-
» neurs auxdits du Chapitre, à raison de 1000 livres par
» chacune toise de surface, qui étoit le prix & la valeur
» courante des places situées dans ledit quartier, comme aussi
» à l'estimation par Experts, des matériaux qui étoient sur
» les lieux, & le prix d'iceux payé par lesdits Entrepre-
» neurs, avant qu'entamer lesdits lieux, & que lesdites nou-
» velles maisons seroient tenues envers lesdits du Chapitre,
» de tous & tels droits Seigneuriaux adjugés par la Cou-
» tume aux Seigneurs censiers, pour être les sommes prove-
» nantes du paiement dudit fonds, employées par lesdits
» du Chapitre, avec le Procureur-Général de Sa Majesté,
» en un autre fonds libre & amorti, à leur profit & utilité ;
» si mieux n'aimoit Sa Majesté agréer & accepter les pro-
» positions particulieres faites, pour ce regard, de la part
» desdits Doyen, Chanoines & Chapitre, dont ils avoient
» remis deux Mémoires, l'un entre les mains dudit sieur
» Pussort, & l'autre au sieur Colbert, Conseiller au Con-
» seil Royal, & Secrétaire des Commandemens de Sa
» Majesté, & Sur-Intendant de ses bâtimens ; pour l'exé-
» cution desquelles propositions Sadite Majesté leur feroit,
» en ce cas, expédier toutes Lettres nécessaires ».

L'ordre de ces conclusions prises alors par le Chapitre

de Saint Germain, feroit à-peu-près celui des conclufions que prendroit aujourd'hui le Chapitre de l'Eglife de Paris, fi, comme, en 1669, l'objet d'utilité publique, pour le nouvel emploi des terrains du Cimetiere des Saints Innocens, étoit plus déterminé : mais les Supplians, dans l'état actuel des chofes, ne peuvent demander, comme Seigneurs fonciers, directs & propriétaires de ces terrains, & dans le cas où il plairoit à Votre Majefté d'ordonner qu'ils feront employés à un autre ufage public & profane, que la faculté de difpofer de ces mêmes terrains, ou la jufte indemnité qui leur fera due, après qu'il aura été procédé, fuivant les regles, à la profanation du Cimetiere, & aux autres opérations néceffaires, pour en faire rentrer l'emplacement dans le commerce.

L'Arrêt du 18 Octobre 1669, a fait plus qu'accorder fa demande, au Chapitre de Saint Germain - l'Auxerrois : il lui a laiffé les places & Charniers pris fur le Cimetiere des Saints Innocens ; il l'a même autorifé à bâtir fur ces places, des maifons, *pour en jouir à perpétuité & en pleine propriété, comme Seigneur foncier, direct & propriétaire, tant defdites places & Charniers, que defdites maifons;* de forte que le Chapitre de Saint Germain a beaucoup plus obtenu qu'une fimple indemnité.

Comment, après plus de cent ans de poffeffion, ajoutés à celle qu'avoit alors ce Chapitre, les Supplians n'obtiendroient-ils pas de dédommagement, fi Votre Majefté jugeoit à propos de faire fervir le refte du même Cimetiere & des mêmes Charniers, à un ufage qu'ils ne pourroient procurer par eux-mêmes ?

Au

Au furplus, indépendamment de ce qu'il eft dans l'ordre, que les terrains du Cimetiere des Saints Innocens rentrant dans le commerce, reviennent à leur propriétaire, il eft une autre raifon qui doit faire encore regarder ce retour comme infiniment jufte. Le Chapitre, par l'ufage profane auquel on fuppofe que feront déformais employés ces terrains, fera privé des profits & émolumens que produifoient les inhumations & fépultures. C'eft, fous l'afpeût feul d'une partie de ces profits & émolumens, que l'Arrêt du 18 Oûtobre 1669, a chargé le Chapitre de Saint Germain, *de donner aux Religieufes de Sainte Catherine, pour dédommagement, un fonds qui pût leur produire le double du revenu qui leur revenoit par chacun an, defdits profits & émolumens, ou en une rente fonciere fur les maifons bâties, en déclarant qu'elles ne laifferoient pas de percevoir les mêmes droits, nonobftant ledit dédommagement, fur le furplus dudit Cimetiere.* Et c'eft en conféquence, que font intervenus les Arrêts de 1670, 1677, 1684 & 1685, pour fixer les dédommagemens ainfi accordés, & pour lefquels les Supplians continuent à payer les rentes alors conftituées à l'Hôpital de Sainte Catherine.

Il eft donc jugé par-là que, quand même le Chapitre de l'Eglife de Paris n'auroit d'autre titre que celui qui lui donne les profits & émolumens des inhumations & fépultures, ainfi qu'ils ont été réglés, ce titre fuffiroit, pour lui affurer *un fonds capable de lui produire le double du revenu qui lui revenoit, par chacun an, de ces profits & émolumens, ou une rente fonciere équivalente.*

N

Mais c'eft-là un nouveau titre qui fe joint à ceux de la *Seigneurie fonciere, directe, & de la propriété*, pour obtenir l'indemnité à laquelle les Supplians concluront.

Ainfi leurs demandes, à cet égard, font fondées, non-feulement fur ces principes fi effentiels & fi chers au cœur de Votre Majefté, qui daigne en faire, pour ainfi dire, une profeffion folemnelle, en déclarant, *qu'Elle eft dans l'heureufe impuiffance de donner atteinte aux droits de propriété appartenans à fes Sujets*, mais encore fur l'autorité des Arrêts du Confeil de 1669, 1670, 1677, 1684 & 1685.

2°. Les Supplians n'oublient point qu'il fera dû à l'Hôpital de Sainte Catherine, un dédommagement à raifon des profits & émolumens qui lui reviendroient des inhumations & fépultures. Le Chapitre de Saint Germain, lors de l'Arrêt du 18 Cctobre 1669, *offroit de dédommager cet Hôpital, des pertes qu'il pourroit fouffrir, dans la perception de ces émolumens, pour la part & portion qui lui en avoit été adjugée.* Les Supplians feroient les mêmes offres, fi cet Arrêt & les fubféquens n'avoient pas tout réglé d'avance, à ce fujet.

Tous les droits, tous les intérêts feront donc, ou même fe trouvent déja conciliés ; & l'établiffement de la premiere Propofition, dont les Supplians viennent de démontrer la vérité, dans tous les points, ne laiffe prefque plus que des conféquences à tirer, fous la feconde qu'ils ont annoncée.

SECONDE PROPOSITION.

Le fieur Infpecteur-Général du Domaine eft également non-recevable & mal fondé, dans les demandes qu'il a formées par la Requête fur laquelle a été rendu l'Arrêt du Confeil, du 25 Octobre 1785.

EN PREMIER LIEU, le fieur Infpecteur-Général du Domaine eft non-recevable dans fes demandes.

1°. « Il requiert qu'il lui foit donné acte de ce qu'il fe » rend Partie dans la conteftation qui s'eft élevée » entre les Adminiftrateurs de l'Hôpital de Sainte Ca-» therine, & le *Chapitre de l'Eglife de Paris*, con-» cernant la réclamation de la propriété fonciere & de » la Seigneurie directe, fur l'emplacement du Cimetiere » des Saints Innocens ; & de ce qu'en conféquence, il » conclut à ce que, *fans s'arrêter aux demandes du Cha-» pitre de l'Eglife de Paris*, dont il fera débouté, &c. ».

Suivant les principes de la raifon, & les premieres regles de la procédure, il faut qu'il y ait une con-teftation formée & liée, pour qu'on puiffe s'y rendre Partie. L'Ordonnance de 1667, titre XI, article 28, ne permet de donner des Requêtes d'intervention, que quand *il y a un procès principal qui foit pendant.* Le Réglement du Confeil de 1738, partie II, titre 8, fuppofe auffi, comme un point abfolument néceffaire pour les inter-ventions, qu'il exifte une inftance principale. C'eft ce qui n'a pas befoin de plus amples éclairciffemens.

N ij

Or, il est de toute certitude, qu'il ne s'est élevé aucune contestation, telle que celle dans laquelle le sieur Inspecteur-Général du Domaine demande à être reçu Partie. Le Chapitre de l'Eglise de Paris, non-seulement n'a formé aucune demande, n'a reçu ni fait donner aucune assignation, n'a reçu ni fait faire aucune signification d'Arrêt de soit communiqué, mais même il n'a eu aucune communication de Mémoires donnés, soit par les Administrateurs-Généraux du Domaine, soit par ceux de l'Hôpital de Sainte Catherine, & constamment il n'en a fourni aucun.

Il est donc de toute impossibilité, qu'il y ait une contestation pendante entre le Chapitre de l'Eglise de Paris, & les Administrateurs du Domaine, & ceux de l'Hôpital de Sainte Catherine. Dès-là, le sieur Inspecteur-Général du Domaine est absolument non-recevable dans le premier Chef de ses demandes.

Seconde fin de non-recevoir contre le sieur Inspecteur-Général du Domaine, en ce qu'il n'a point de titre, & en ce que la question de propriété fonciere & de Seigneurie directe sur les terrains du Cimetiere des Saints Innocens, a été jugée avec les Défenseurs du Domaine Royal.

2°. Le sieur Inspecteur-Général est également non-recevable dans ses conclusions tendantes, « à ce que la » propriété fonciere & la Seigneurie directe sur le terrain » du Cimetiere des Saints Innocens, soient déclarées appar- » tenir à Votre Majesté ».

D'un côté, le sieur Inspecteur-Général du Domaine n'a point de titre, pour former une pareille demande. Il n'auroit de titre, qu'autant que le Souverain, au nom duquel il agit, auroit droit à la propriété fonciere & à la Seigneurie directe qu'il prétend faire réunir au Domaine Royal. Mais il est démonstrativement prouvé, par la premiere Proposition ci-dessus établie, que Votre Majesté n'a point de droit femblable, puifqu'il eſt juſtifié que cette propriété & cette directe n'appartiennent qu'au Chapitre de l'Eglife de Paris. Le fieur Infpecteur-Général du Domaine ne rapporte d'ailleurs aucun acte, aucune piece, à l'appui de fa prétention.

Or, en toute action & en toute matiere, il faut, avant toutes chofes, que le Demandeur ait une qualité relative à l'objet de fa demande, ou du moins qu'il fe préfente avec quelque titre apparent, foit pour la propriété, foit pour la poffeffion; autrement, la Juſtice ne peut le connoître, ne peut l'entendre, & met entre elle & lui, une exception qui devient fur le champ, & fans autre examen, l'écueil de fa tentative.

Ainfi, le fieur Infpecteur-Général du Domaine eſt, fous ce premier point de vue, manifeſtement non-recevable dans la demande qu'il forme au fond.

D'un autre côté, l'exception naiffante de l'autorité de la chofe jugée, n'éleve-t-elle pas un nouveau rempart contre cette demande?

On a vu, que dans l'Arrêt du Parlement de Paris, du 9 Août 1567, le fieur Procureur-Général en cette Cour, a été oüi, & que c'eſt avec lui qu'il a été ordonné, que les Doyen, Chanoines & Chapitre de Saint Germain-l'Auxerrois *feroient & demeureroient Seigneurs fonciers des Cimetiere & Charniers des Saints Innocens.*

On a vu pareillement, que le Souverain lui-même, éclairé des lumieres de fon Confeil, fous les yeux duquel on prétendoit que la Seigneurie & la directe fur le terrain du Cimetiere des Saints Innocens, faifoient partie de fon Domaine, a jugé par l'Arrêt du 18 Octobre 1669, que le Chapitre de Saint Germain étoit feul, tant Seigneur direct, que propriétaire foncier de ce terrain, ainfi que des Charniers qui entourent ce Cimetiere, & que cet Arrêt a été confirmé par ceux de 1670, 1677, 1684 & 1685 qui l'ont fuivi.

On a vu encore, que par la Sentence de la Chambre du Domaine & du Tréfor, du 18 Mai 1675, le même Chapitre de Saint Germain a été reconnu au Terrier de Sa Majefté, en cette qualité de propriétaire foncier & de Seigneur direct, contradictoirement avec le *Procureur du Roi en cette Chambre*, & que, par le Procès-verbal de bornage de 1704, fait auffi très-contradictoirement avec cet Officier, en conféquence de la Sentence, les terrains du Cimetiere des Saints Innocens, & des lieux qui en dépendent, ont été renfermés dans la circonfcription même de la propriété fonciere & de la Seigneurie directe du Chapitre de Saint Germain, en cette partie.

On a vu, enfin, que, depuis ce temps, le Domaine n'a pas ceflé d'acquiefcer à des Jugemens fi folemnels, & aux opérations qui en ont été l'exécution la plus formelle.

Ne réfulte-t-il pas de-là, que tout eft jugé d'avance avec le fieur Infpecteur-Général du Domaine, & qu'il ne lui eft pas permis de revenir contre ce qui a été fait?

On l'a déja obfervé; dès qu'un Arrêt ou Jugement qui a paffé en force de chofe jugée, eft contradictoire avec les défenseurs nés du Domaine Royal , cet Arrêt ou Jugement a , contre ce Domaine , le caractere de ftabilité & d'irrévocabilité.

Or , tel eft d'abord l'Arrêt du Parlement de Paris , du 9 Août 1567 , puifqu'il a été rendu avec le fieur Procureur-Général , qui , par état , eft le défenfeur des droits de la Couronne.

Tels font auffi les Arrêts du Confeil d'Etat , de 1669 , 1670 , 1677 & 1684 , parce que le Miniftere public qu'exerce le fieur Infpecteur-Général du Domaine , réfide éminemment dans le Confeil de Votre Majefté : ce qu'il faut dire , fur-tout , par rapport au temps où ces Arrêts font intervenus , puifqu'alors les fieurs Infpecteurs-Généraux du Domaine de la Couronne n'exiftoient pas encore.

Mais , fallut-il un Jugement caractérifé tel par fa forme , ce Jugement n'exifte-t-il pas dans la Sentence rendue contradictoirement avec le Procureur du Roi en la Chambre du Domaine , le 18 Mai 1675 ? & le Procès-verbal de bornage de 1704 , n'eft-il pas l'acquiefcement le plus marqué , de la part du Domaine , tant à cette Sentence , qu'aux Arrêts de 1567 , de 1669 , 1670 , 1677 & 1684 ?

Avec des exceptions fi puiffantes , comment le Chapitre de Paris pourroit-il ne pas voir échouer dabord la demande du fieur Infpecteur-Général du Domaine ? Ne lui fuffit-il pas de répondre , *Res judicata pro veritate habetur ?* Ne lui fuffit-il pas d'invoquer la difpofition de l'article 5 du titre 27 de l'Ordonnance de 1667, qui porte, « que les Sentences & Jugemens, qui doivent *paffer en* » *force de chofe jugée*, font ceux rendus en dernier ref- » fort, & dont il n'y a appel, ou dont l'appel n'eft pas » recevable, foit que les Parties y euffent formellement » acquiefcé, ou qu'elles n'en euffent interjeté appel » dans le temps » ? Cet ordre légiflatif & ces grands principes ne font point étrangers au miniftere qu'exerce le fieur Infpecteur - Général du Domaine.

Oui, fans doute, plus les droits du Domaine Royal font précieux, plus la furveillance qui les conferve doit être exacte. Le principe de l'inaliénabilité de ce Domaine, eft véritablement fait pour la ftabilité de la Monarchie. C'eft une Loi d'un ordre fupérieur, une Loi conftitutive d'un droit immuable comme elle, une Loi qui, par le lien le plus indiffoluble, tient, pour ainfi dire, attaché au Trône, ce qui en fait l'ornement & l'appui. Rien donc de plus intéreffant que le miniftere des fieurs Infpecteurs - Généraux du Domaine, qui font les défenfeurs des Domaines de la Couronne, au Confeil de Votre Majefté; rien même de plus privilégié que l'exercice de ce miniftere.

Et de-là vient, que, fi dans les inftances & procès, où il s'agit de ces Domaines, le Procureur de Votre Majefté dans les Cours, & les Infpecteurs-Généraux du Domaine au Confeil, n'ont pas été entendus comme Parties, ils font en droit d'attaquer, par oppofition, les Jugemens qui font intervenus. De-là vient auffi, qu'ils ne

font

font point strictement assujétis aux formalités requifes & aux délais prefcrits, foit pour la Requête civile, foit pour la caffation.

Mais il eft des regles fupérieures dont il n'eft jamais permis de s'écarter. Ce font celles du droit public.

Parmi ces regles, l'une des plus inviolables, eft celle fuivant laquelle ce qui a été décidé contradictoirement avec le Défenfeur du Domaine Royal, doit être auffi permanent pour ce Domaine, que ce qui l'a été entre des Parties privées : *Unum deniquè commendat Principatum Gallicum, quòd, pofito omni metu, vel Gallus minimus ac viliffimus litem inftituere poffit adversùs Principem, depellitque ac excipit Procurator Regius, perindè ac fi contrà Privatum, non verò contrà Regem ipfum mota effet controverfia.*

Cette regle, que le Jurifconfulte regarde comme l'un des plus glorieux caracteres de la Souveraineté en France, appartient donc à la partie la plus noble de la légiflation : elle eft l'un des plus fermes appuis des droits publics & particuliers : elle participe, en quelque forte, à l'immutabilité même de l'ordre qui émane de la fouveraine Puiffance : en un mot, elle affure, dans l'autorité des chofes jugées, *quibus ftatus publicus contineri dicitur,* comme le remarque le célebre Barnabé Briffon, dans fon *Recueil de Plaidoyers & Arrêts notables,* page 313, la fauve-garde la plus facrée, pour les droits du Domaine Royal, & pour ceux des propriétés particulieres.

O

Or , fi l'Arrêt du Parlement , du 9 Août 1567 , ne paroît pas encore affez contradictoire avec le Magiftrat Défenfeur né du Domaine Royal, dans les Cours , ce caractere n'eft-il pas marqué, de la maniere la plus éminente, dans les Arrêts du Confeil d'Etat, de 1669, 1670, 1677 & 1684? Le Miniftere Public n'a-t-il pas parlé, pour ainfi dire , par le Confeil tout entier , lorfqu'au rapport de l'illuftre M. Puffort, ce Tribunal qui veille au maintien des Loix, & qui eft comme le Tribunal confervateur des droits du Souverain , a jugé que le Prince n'avoit aucun droit à la propriété fonciere, ni à la Seigneurie directe, fur le terrain du Cimetiere des Saints Innocens , mais que cette propriété & cette Seigneurie appartenoient au Chapitre de Saint Germain-l'Auxerrois? Si les fieurs Procureurs-Généraux, dans les Cours, font, fuivant l'expreffion de la Roche-Flavin, *l'œil des Parlemens , & comme les fentinelles des autres Magiftrats, & furveillans du bien public*, qui penfera que les Magiftrats, qui, dans le Confeil du Souverain , font comme les confidens de la Loi, & qui chargés des plus nobles parties de l'adminiftration publique, font habitués à foutenir cette adminiftration dans tous les points de fon équilibre, n'auroient pas pris en main la défenfe des droits du domaine de la Couronne, fur-tout lorfqu'avertis par les dires des adverfaires du Chapitre de Saint Germain-l'Auxerrois, ils auroient vu ces droits exposés à être compromis ?

Et d'ailleurs, la Sentence de la Chambre du Tréfor, du 18 Mai 1675, rendue très-contradictoirement avec le Procureur du Roi en cette Chambre, n'est-elle pas une exécution des Arrêts du Conseil de 1669, & autres postérieurs, de la part du Domaine ? Et le Procès-verbal de bornage de 1704, dressé d'une maniere également contradictoire avec le même Officier, n'est-il pas la continuation de cette exécution ?

Enfin, cent quarante ans de cette même exécution, n'ont-ils pas achevé de donner aux Arrêts du Conseil, de 1669, 1670, 1677 & 1684, le caractere de l'irrévocabilité la plus absolue ?

Il n'en faut donc pas douter ; le sieur Inspecteur-Général du Domaine, qui connoît & respecte les principes, autant qu'il chérit la vérité, s'empressera de rendre hommage à des maximes aussi essentielles & aussi salutaires : il reconnoîtra, que n'ayant point de titre, pour former les demandes portées par sa Requête, l'exception résultante de ce défaut si capital, s'éleve contre ces demandes : il reconnoîtra pareillement, que l'autorité de la chose jugée lui oppose une autre exception plus invincible encore : il reconnoîtra, enfin, qu'il est véritablement non - recevable dans ses conclusions tendantes *à ce que la propriété fonciere, & la Seigneurie directe sur le terrain du Cimetiere des Saints Innocens, soient déclarées appartenir à Votre Majesté.*

Motifs qui doivent faire déclarer le sieur Inspecteur - Général du Domaine mal-fondé dans ses demandes.

En second lieu, le sieur Inspecteur-Général du Domaine est aussi mal-fondé que non-recevable.

Les Supplians ne s'arrêteront point à considérer la destination des Cimetieres : ils se contenteront de dire, avec les Auteurs, tels que de Héricourt & la Combe, qu'un Cimetiere est regardé comme un accessoire de l'Eglise même dont il dépend ; qu'il doit être béni, avant qu'on puisse y faire l'inhumation des corps des Fideles, & rebéni ou réconcilié, s'il s'y commet quelque profanation ; qu'il faut le respecter comme un lieu saint ; que par les constitutions Ecclésiastiques, il est défendu à tous Juges d'y tenir leur séance, & d'y prononcer des Jugemens, soit civils, soit criminels ; qu'enfin, pour remettre un Cimetiere dans le commerce, il est nécessaire qu'il soit profané, suivant les regles, & même qu'étant abandonné, le fonds ne peut en être acquis, que par une possession immémoriale, qui fasse présumer un titre légitime & accompagné des formalités requises.

Le principal point, & le seul même qui doive fixer

l'attention du Conseil, est de savoir, si le Domaine a des titres capables de prévaloir sur ceux du Chapitre de l'Eglise de Paris.

Or, il est démonstrativement établi, par les deux premieres classes de faits, & par la premiere Proposition à laquelle ces faits servent de base, que la propriété fonciere & la Seigneurie directe des terrains du Cimetiere des Saints Innocens, ont toujours appartenu au Chapitre de Saint Germain-l'Auxerrois; que c'est ce Chapitre lui-même qui, propriétaire de ces terrains, les a consacrés à l'usage du Cimetiere, en se réservant tous les droits qui pouvoient se concilier avec cet usage, droit de propriété fonciere, droit de Seigneurie directe, droit des profits & émolumens aux inhumations & sépultures; & que par conséquent, ces mêmes terrains, s'ils sont remis dans le commerce, redeviennent le plein Domaine du Chapitre, par la cessation de la condition sous laquelle il avoit consenti à un emploi religieux.

Il faudroit donc que le sieur Inspecteur-Général du Domaine eût des titres prépondérans, pour faire déclarer que la propriété fonciere & la Seigneurie directe, sur le terrain du Cimetiere des Saints Innocens, appartiennent à Votre Majesté : il faudroit que ces titres fussent non-feulement conftitutifs , ou du moins juftificatifs des droits du Domaine fur cette propriété & cette Seigneurie, mais même exclufifs de ceux du Chapitre de Saint Germain : il faudroit qu'ils allaffent jufqu'à prouver , & que les terrains dont il s'agit ont fait partie du Domaine Royal, & que démembrés de ce Domaine, ils n'ont pu paffer au Chapitre de Saint Germain, & que par la condition primitive , ils doivent être aujourd'hui réunis à la glebe dont ils auroient été originairement détachés,

Réfutation des t res contenus dans la Requête fur laquelle a été rendu l'Arrêt du 25 Oétobre 1785.

Le fieur Infpecteur-Général du Domaine rapporte-t-il des titres de ce genre ?

Si on les cherche, dans la Requête fur laquelle a été rendu l'Arrêt du 25 Octobre dernier, on n'en voit aucun, on n'en apperçoit pas le plus léger veftige ; & bien loin de-là, toutes les citations qui fe trouvent dans cette Requête, très-infuffifantes par elles-mêmes, conduifent à faire connoître de plus en plus, que de pareils titres n'ont jamais exifté,

Tout fe réduit, en effet, à des paffages hiftoriques, & à des interprétations par lefquelles ces paffages font ramenés à la caufe du Domaine. Mais font-ce-là des titres de propriété fonciere & de Seigneurie directe pour Votre Majefté, fur les terrains du Cimetiere des Saints Innocens, & des titres exclufifs des droits que les Supplians réclament ?

1°. Les citations auxquelles on a recours, fuffent-elles plus impofantes qu'elles ne le font, & les inductions qu'on en tire, plus concluantes, depuis quand de pareilles citations, de pareilles inductions fuffiroient-elles pour décider des droits de propriété & de Seigneurie ? Quel trouble dans la fociété, s'il falloit que, fur le feul récit de quelques Auteurs, on fût expofé à fe voir privé d'un patrimoine & des droits qu'une poffeffion de plufieurs fiecles auroit affermis dans les mains des poffeffeurs ? L'héritage, le bien dont il s'agiroit, n'auroit-il pas pu être tranfmis à des particuliers ou à des Corps, par des voies légitimes ?

Et qui ne fait, qu'avant l'Ordonnance du Domaine, de 1566, le Domaine Royal n'avoit point encore toute l'affiette où l'a mis cette Ordonnance ? Qui ne fait, qu'anciennement le principe fuivant lequel la réunion au Domaine s'opere par une adminiftration confufe, pendant dix ans, avec les biens domaniaux, n'étoit pas encore bien établi ? Qui ne fait qu'il y avoit des manieres d'aliéner le Domaine, qui ont fait place aux grandes maximes de l'inaliénabilité ? Qui ne fait qu'encore aujourd'hui, la voie d'échange eſt une voie d'acquérir le Domaine, à perpétuité & ſans crainte de retour ? Qui ne fait, enfin, que les dons faits par les Rois aux Egliſes, pour leur fondation ou dotation, ſont irrévocables par les Loix les plus ſolemnelles ?

Ainſi, & quand même il feroit clairement atteſté par les Hiſtoriens, que de certains fonds, que des droits ſeigneuriaux auroient été originairement à la diſpoſition du Prince, leurs témoignages réunis ne ſuffiroient pas pour anéantir le titre légitime de propriété.

Du moins faudroit-il toujours en revenir à ce point de vérité inconteſtable ; ſavoir, que ce qui eſt écrit par un Auteur, lorſqu'il ne rapporte pas les pieces juſtificatives du fait avancé, ne peut jamais faire un titre valable. Que d'erreurs, à ce ſujet, dans les Annales hiſtoriques ! Il feroit facile d'en citer mille exemples : il y en a de frappans dans l'affaire même dont il s'agit ; mais ces détails feroient ici des hors-d'œuvres ſuperflus. Perſonne n'ignore que trop ſouvent, ſoit par inadvertance, ſoit par eſprit de prévention ou de préjugé, un Ecrivain allégue au haſard ce qu'il a entendu dire, ou ce que ſa propre opinion lui ſuggere ; qu'enſuite ſon allégation eſt adoptée par

d'autres

d'autres qui le copient, & qui quelquefois ajoutent encore à ſes aſſertions erronées ; & que de-là ſe forme une tradition qui devient chaque jour plus fauſſe , & qui ne tranſmet aux âges ſuivans, que l'illuſion & l'erreur.

2°. Quelles ſont d'ailleurs les citations ſur leſquelles ſe fonde le ſieur Inſpecteur-Général du Domaine ?

On a déja remarqué qu'il paroît vouloir principalement s'appuyer ſur ce que diſent Lamarre & Sauval ; mais, comme il ne revient à ces deux Auteurs, qu'après avoir rendu compte des prétendües preuves ſur leſquelles il annonce qu'eſt fondée la réclamation des Adminiſtrateurs Généraux du Domaine , il faut, afin de répondre à tout , diſcuter toutes les aſſertions , toutes les citations qu'il appele *les monumens relatifs à la propriété & Seigneurie du Cimetiere des Saints Innocens.*

Examen & diſcuſſion des autorités citées par le ſieur Inſpecteur - Général du Domaine.

Premier Chef d'Assertions et de Citations

Concernant les Champeaux & les Halles.

Le ſieur Inſpecteur-Général dit, « que Philippe-Auguſte, » qui s'étoit occupé de l'embéliſſement & de l'agran- » diſſement de la Ville de Paris, jugea à propos de » conſacrer à la ſépulture des habitans de cette Ville, » un terrain dépendant de ſon Domaine ; qu'il le fit » clôre à ſes frais, & que c'eſt encore ce qui forme » aujourd'hui le Cimetiere des Saints Innocens ». Il dit encore, « que nos Rois avoient fait conſtruire quelques » maiſons réunies dans le voiſinage des Egliſes, *dans* » *les années* 500, 559, 560, 1056 & 1118 ; que ces

P

» établiſſemens donnoient une certaine conſiſtance à cha-
» cun de ces territoires, qui prirent bientôt le nom de
» *Bourgs*, Bourgs de Saint Germain-des-Prés, de Sainte
» Genevieve & de Saint Marcel, *de Saint Germain-*
» *l'Auxerrois, &c.;* que pluſieurs de ces terrains, pla-
» cés entre ces différens Bourgs, furent ſucceſſivement
» mis en culture ; que de-là dérivent la Culture de Saint
» Eloi, de Sainte Catherine, &c.; que d'autres ter-
» rains reſtans entre ces Cultures, furent appelés *cour-*
» *tils* ou jardins, &c., qu'il y avoit des champs aſſez
» vaſtes, diviſés en petites parties, & déſignés par le nom
» de *Campela*, dans les anciens titres latins, & par ceux
» de *champeaux ou petits champs*, dans des titres fran-
» cois ; que ce fut dans ces Champeaux ou petits
» champs, que *Philippe-Auguſte établit les Halles ou Mar-*
» *chés, & le Cimetiere de la Ville ;* que ce Prince fit bâtir
» deux grandes Halles, qui furent achevées *vers* 1183
» *&* 1186 *; qu'il conſacra au Cimetiere de la Ville, un*
» *terrain limitrophe des Halles, qu'il fit pareillement en-*
» *clôre, à ſes frais* ».

Sur quelle autorité ces faits ſont-ils appuyés ? Le
ſieur Inſpecteur - Général cite d'abord « *des Lettres de*
» 1137, imprimées dans l'Ouvrage de Dom Felibien, &
» où il eſt dit, que Louis VI devoit *à Saint Denis de*
» *la Chartre*, 5 ſols de rente, pour un terrain aux Cham-
» peaux, ſur lequel il avoit fait conſtruire des Halles».
Il ajoute que, ſuivant Rigord, *page* 31, & Felibien,
page 204, Philippe-Auguſte fit bâtir deux grandes Halles, *au lieu de Champeaux ;* qu'il eſt juſtifié, par des Ordonnances des 12 Octobre 1368 & 24 Juin 1571, que
la ſituation de ces Halles a toujours été dans le même

lieu ; qu'en 1180, *Philippe-Augufte fit clôre le Cime-tiere des Saints Innocens*, & y fit faire autant de portes que le fervice l'exigeoit ; & c'eft ce qu'il prétend établir par le témoignage *de Sauval, Tome premier , page 358.*

De-là, le fieur Infpecteur du Domaine conclut, que « ce fut fur ce terrain, appelé *Champeaux*, qui , dit - il , » appartenoit certainement au Roi , que Philippe-Au-» gufte fit prendre & enclôre une partie d'un empla-» cement pour le Cimetiere des Saints Innocens , clos » & muré par ordre de ce Prince ».

RÉPONSES. 1°. Il faut commencer par retrancher des expofés du fieur Infpecteur-Général du Domaine, ce qui eft inutile à la queftion , & ce qui n'eft avancé que va-guement , comme l'hiftoire des maifons qu'il dit que nos Rois firent conftruire, dans le voifinage des Eglifes, en 500, 559, 560, 1056 & 1118 ; comme celle de l'é-tabliffement des *Bourgs*, des *Courtils*, des *Cultures* ; comme celle de la divifion de certains terrains, en por-tions appelées *Champeaux , &c.* Tout cela eft fort étran-ger à la propriété fonciere & à la Seigneurie directe des terrains du Cimetiere des Saints Innocens, & n'offriroit pas l'ombre d'un titre pour cette propriété & cette Sei-gneurie, quand même tous les monumens en attefte-roient la vérité.

Réponfes du Cha-pitre au premier chef des affertions & ci-tations du fieur Inf-pecteur-Géneral du Domaine.

2°. Par rapport à ce qui fe rapproche davantage de l'état de la queftion , il eft facile de démontrer que les citations du fieur Infpecteur-Général du Domaine por-tent à faux.

Et d'abord, pour ce qui concerne les Lettres de l'an

1137, que difent-elles , & quelles inductions peut-on en tirer ?

Chartres de 1136, 1137 & 1222, concernant les Champeaux & les Halles.

D'un côté, ces Lettres prouvent que Louis VI, dit *le Gros*, devoit un cens à l'Eglife de Saint Denis de la Chartre, fur un terrain *in Campiaux*, où il avoit établi un nouveau Marché : *Quinque folidos quos ego debeo de cenfu Eccefiæ Sancti Dionyfii (de Carcere) de terrâ quæ eft in CAMPIAUX, in quâ Pater meus ftabilivit novum forum ubi habent locum venditores mercium & pars cambiatorum, quos denarios ego præcipio ab eifdem mercium venditoribus reddi.*

On ne voit pas d'abord qu'il foit queftion même des Halles, dans ces Lettres ; il n'y eft parlé que d'un marché quelconque, *in Campiaux*. Où étoit-il, ce lieu ? que faut-il entendre par cette défignation locale, *in Campiaux* ? N'eft-ce pas une expreffion auffi barbare en françois qu'en latin ? Une telle obfcurité permet-elle de tirer de-là la moindre induction ?

Enfuite, fut-il évidemment queftion de l'emplacement des Halles, cet emplacement n'eft certainement pas le même que celui du Cimetiere des Innocens. Il n'auroit pas été établi un marché, *novum forum*, dans un Cimetiere.

Ainfi, les Lettres de 1137 ne faifant nulle mention de ce Cimetiere, n'expriment rien qui puiffe faire penfer qu'elles en comprennent le terrain ; & même excluant toute idée, à cet égard, il eft évident qu'elles ne font ici qu'une citation abfolument inutile.

D'un autre côté, ces mêmes Lettres prouvent même qu'alors, le terrain dont elles parlent, n'étoit pas du Domaine Royal, puifqu'il avoit été acquis par le Roi, moyennant un cens qu'il reconnoît devoir à l'Eglife de Saint Denis de la Chartre : *Quinque folidos quos ego debeo de cenfu Ecclefiæ Sancti Dionyfii de Carcere.* Elles ne peuvent donc fervir qu'à démontrer, de plus en plus, combien eft ruineux le fyftême du fieur Infpecteur-Général du Domaine.

Quant aux témoignages des Auteurs, il faut diftinguer ce qu'ils difent touchant les Halles, d'avec ce qu'ils rapportent concernant le Cimetiere des Saints Innocens.

Diftinction entre le terrain des Halles & celui du Cimetiere des SS. Innocens.

A l'égard du premier objet, qu'il foit attefté par les Annales hiftoriques, que Philippe-Augufte fit bâtir deux grandes Halles, au lieu dit *les Champeaux*, & qu'il foit juftifié même par des Ordonnances inconnues aux Supplians, des 12 Octobre 1368 & 14 Juin 1571, que la fituation de ces Halles a toujours été dans le même lieu; que peut-il réfulter de-là, par rapport au droit de propriété fonciere & de feigneurie directe, fur le terrain du Cimetiere des Saints Innocens? Ce Cimetiere a-t-il jamais fait partie des Halles? Rien ne feroit donc encore plus indifférent, relativement à la queftion dont il s'agit.

Le fieur Infpecteur-Général du Domaine affure, que c'eft dans les lieux appelés *Champeaux*, que ces Halles furent conftruites; & il ajoute, qu'on reconnoît par l'infpection du plan de Paris, que « c'eft précifément entre » Saint Magloire, à l'orient, Saint Germain-l'Auxerrois,

» au midi , & la Culture l'Evêque, à l'occident, que ces
» divers établiffemens furent faits ».

Il a déja été obfervé, fous la premiere claffe des faits,
que, fuivant la Chartre d'affociation, de l'an 1136, & une
autre Chartre, en forme de tranfaction, de 1222, nos Rois
n'avoient eu jufqu'alors aucun Domaine, dans les lieux
appelés *Champeaux ;* qu'ils n'y acquirent des droits que
par affociation , & par une efpece de *partage ;* & qu'à
l'égard des Halles , ils ne les obtinrent auffi que par voie
d'acquifition , & que moyennant une redevance fonciere
au profit de l'Eglife de Paris.

Notum fieri volumus , dit Louis le Gros, dans la Chartre
de 1136, *quòd in loco qui in fuburbio* Parifienfi *Campellus appellatur , ejufdem loci foffatum ad Beatæ Parifienfis Mariæ Ecclefiam & ad Parifienfem pertinet Epifcopatum : Fidelis vero nofter Stephanus venerabilis, Parifiorum
Epifcopus, totius Capituli Beatæ Mariæ communi confilio &
affenfu, hoc tenore & hâc pactione fibi nos affociavit & parti-
cipes & confortes prædicti foffati nos ita fecit, ut de cenfu
illius terræ, de talliis, de foris factis, de venditionibus, em-
ptionibus, de queftibus, infuper de omnibus illius terræ redditibus, quocumque modo five juftè, five injuftè habitis &
habendis, tertiam partem prædictus Stephanus & omnes ejus
in Epifcopatum fucceffores in perpetuum quietè & liberè
poffiderent : Nos verò & hæredes noftri, de omnibus præ-
dictis redditibus fuprà nominati foffati duas reliquas partes
in perpetuum haberemus : Nihil autem omninò vel nos, vel
Minifteriales noftri de illâ terrâ caperemus, de quo vel Epifcopus, vel Minifteriales fui, tertiam partem non haberent.
Præterea conftituimus, ut Præpofitus nofter de illâ terrâ*

Epifcopo Parifienfi, quicumque effet, fidelitatem faceret; fimiliter Præpofitus Epifcopi de illâ terrâ nobis, vel hæredi noftro, quicumque effet, fidelitatem faceret, & neque Præpofitus nofter fine Præpofito Epifcopi, neque Præpofitus Epifcopi fine noftro Præpofito, in illâ terrâ aliquid ageret.

Et quant à la Chartre de 1221, Philippe Augufte s'y exprime ainfi : *De Hallis verò noftris fitis in Campellis, ita eft quòd nobis & hæredibus noftris remanent in perpetuum pacificè, falvo eo quòd Epifcopus & fucceffores fui habebit in eis fuas confuetudines debitas in fuâ feptimanâ; nec Epifcopus, nec Capitulum Parifienfe poterunt nos nec hæredes noftros, fuper iis trahere in placitum . . . . . . & fciendum quòd nos pro . . . . . & pro quitatione Halarum quam nobis & hæredibus noftris (Epifcopus & Capitulum) fecerunt, ficut fuperiùs eft expreffum, dedimus & affignavimus Epifcopo & fuccefforibus ejus in perpetuum, in Præpofiturâ noftrâ Parif. 20 libras Parif. fingulis annis percipiendas, in fefto omnium Sanctorum.*

Il eft démontré par la premiere des deux Chartres, que le lieu qui, dans le fauxbourg de Paris, étoit appelé *Champeaux; qui in fuburbio Parifienfi Campellus appellatur;* ou du moins que celui que la Chartre défigne par ces termes, *Ejufdem loci foffatum,* qui paroiffent fignifier les foffés du même lieu, *vallum, foffa, fed ea præfertim quæ circà urbium mænia circumducitur,* fuivant Ducange, appartenoit à l'Eglife de Paris, & que Louis le Gros n'acquit les deux tiers des droits & profits qui s'y percevoient, que pour en jouir par indivis avec l'Evêque de Paris. Et de-là il fuit, que ce qui étoit renfermé par ces foſſés, qui exiſtoient vraiſemblablement avant la ſeconde clôture de la Ville, ſous Philippe Auguſte, faiſoit originairement partie du Domaine de la même Egliſe.

La ſeconde Chartre fait voir, d'une maniere non moins démonſtrative, qu'en effet les Halles appartenoient auſſi, dans le principe, à l'Egliſe de Paris, & qu'elles n'entrerent dans le Domaine Royal, que par le délaiſſement qui lui en fut fait, moyennant une redevance fonciere aſſignée ſur la Prévôté même.

Enfin, il eſt manifeſte que tout ce qu'allegue le ſieur Inſpecteur-Général du Domaine, touchant les *Champeaux*, loin de pouvoir ſervir à donner la moindre idée d'un droit quelconque appartenant au Domaine ſur le terrain du Cimetiere des Saints Innocens, éloigne abſolument cette idée.

On peut convenir, au ſurplus, que par les mots latins, *Campellus*, *Campicellus*, *Campulus*, & par le mot françois, *Champeaux*, il faut entendre de petits champs, de petites portions de terres. Mais ce n'eſt évidemment là qu'une expreſſion générique qui s'applique ou peut s'appliquer par-tout où il ſe trouve de ces petits Champs. C'eſt ce qu'on voit par les citations que fait Ducange, au mot *Campellus*, où il rapporte ces termes du Canon dix-huitieme du quatrieme Concile d'Orléans, *in Campellis vel in vineolis ;* ceux-ci d'une Chartre de Hugues de Doyſi, Châtelain de Cambrai, *Campellos quoque quoſdam..... emerat ſibi præfata Eccleſia in Territorio de Hargival ;* & ceux-ci tirés de la Vie de Saint Amé,

abſciſſa

abſciſſo nemore, Campellum fecit. C'eſt ce qu'on voit encore par la dénomination de l'Egliſe de *Champeaux* , dans le Diocèſe de Paris même, par celle de la rue neuve *des Petits-Champs* , à Paris , & par cent autres dénominations ſemblables. Comment donc une pareille dénomination pourroit-elle devenir un titre de propriété & de ſeigneurie , pour le Domaine de Votre Majeſté , dans un lieu , parce que , dans un autre lieu , elle ſeroit appliquée à quelques fonds de ce Domaine ?

Par rapport au ſecond objet , qui eſt le Cimetiere même des Saints Innocens , les citations du ſieur Inſpecteur - Général du Domaine ſont - elles plus convaincantes ?

Témoignages hiſtoriques concernant le Cimetiere des SS; Innocens.

Il dit qu'il eſt prouvé par ces citations , qu'en 1180 , Philippe Auguſte fit clorre ce Cimetiere , comme Propriétaire & Seigneur de l'emplacement.

Cette aſſertion même , fut-elle le témoignage unanime des Hiſtoriens , elle ne ſeroit pas encore un titre de propriété & de ſeigneurie , comme il a été ci-deſſus obſervé. Mais en examinant les autorités mêmes qui ſont citées , on reconnoît bientôt qu'il s'en faut de beaucoup qu'elle ſoit conforme à la vérité.

Et comme il n'eſt que trop ordinaire à beaucoup d'Ecrivains modernes de rendre peu exactement les anciens , il faut remonter aux ſources , & ſuivre d'un œil attentif les ruiſſeaux qui en dérivent.

Q

Le Moine Rigord, Auteur très - estimé, à cause de son exactitude, Auteur qui vivoit, sous le regne de Philippe Auguste, s'exprime ainsi, *De gestis Philippi Augusti*, page 21. *De multis operibus Christianissimi Regis Philippi Augusti, hìc quædam satis digna memoriæ scribere dignum duximus : quádam autem die, dum Philippus Rex Parisius moram faceret, perlatum est ad aures ejus verbum de Cœmeterio, quod in Campellis est juxtà Ecclesiam Sancti Innocentii, reparando : Cœmeterium enim illud antiquitùs fuerat platea grandis omnibus transeuntibus pervia, & vendendis mercibus exposita, ubi cives Parisienses mortuos suos sepelire consueverant. Sed quia corpora defunctorum miuùs honestè poterant ibi sepeliri propter concursus pluviarum & luti fœtentis nimiam abundantiam, ideò Philippus Rex Christianissimus, bonis operibus semper intentus, considerans hoc opus esse honestum & valde necessarium, præcepit ut totum Cœmeterium circumquáque muro lapideo clauderetur, & portæ sufficientes ipsi muro aptarentur quæ in nocte propter insidias supervenientium clauderentur. Consideravit equidem celebri consideratione & piâ, quod Cœmeterium, in quo tot millia virorum sepulta jacebant à posteris suis Deum timentibus mundissimè custodiretur.*

Tel est le passage en entier. Ces termes, *De Cœmeterio quod in Campellis est, juxtà Ecclesiam Sancti Innocentii reparando,* font voir qu'alors le Cimetiere des Saints Innocens existoit très-constamment : ceux - ci, *Cœmeterium enim illud antiquitús fuerat platea grandis. . . . . . . ubi cives Parifienfes mortuos fuos fepelire confueverant*, prou-vent que ce Cimetiere étoit même dès-lors très-ancien, & que l'ufage d'y enterrer les morts étoit depuis long-temps établi : ces autres expreffions, *Cœmeterium in quo tot millia virorum fepulta jacebant*, achevent de démon-trer la même antiquité du Cimetiere, & de l'ufage fré-quent qu'on en faifoit.

Comment donc peut-on dire, d'après Rigord, que le terrain de ce Cimetiere fût un don de Philippe Au-gufte? Le paffage de cet Auteur ne dément-il pas cette affertion? Y trouve-t-on, dans ce paffage écrit pour faire le panégyrique du Prince, un feul mot qui indique un acte de libéralité? y eft-il dit que la réparation dont il y eft queftion, *de Cœmeterio reparando*, feroit faite aux frais du Roi? y eft-il fait la moindre mention du Do-maine Royal, ou d'aucun droit appartenant à ce Do-maine, fur le terrain du Cimetiere? Tout ne fe borne-t-il pas à rapporter que Philippe Augufte donna ordre que ce Cimetiere dans lequel les habitans de Paris avoient coutume d'enfevelir les morts, *Ubi cives Pari-fienfes mortuos fuos fepelire confueverant*, fut entiérement fermé de murs, avec des portes de fûreté, *præcepit ut totum Cœmeterium circúmquâque muro lapideo clauderetur, & portæ fufficientes ipfi muro aptarentur?* Des ordres qui ne regardent que la police publique, ont-ils donc jamais été des titres de feigneurie & de propriété, au profit du Prince de l'autorité duquel ils font émanés?

Au furplus, il ne faut pas croire que le Cimetiere des Saints Innocens fût le feul qui fervît aux habitans de

Paris. L'Abbé le Beuf, Hiſtoire de cette Ville, tome premier, page 82 & ſuivantes, après avoir dit « que le » Cimetiere des Saints Innocens eſt devenu célebre, » à cauſe qu'il étoit celui du Bourg de Saint Germain, » & de ſes dépendances, *avant qu'il exiſtât une Chapelle* » *ou Egliſe des Innocens* », (laquelle n'a été fondée que vers le milieu du douzieme ſiecle) , ajoute, que « ce Cimetiere n'étoit cependant pas le plus ancien de » Paris ; que les corps des Pariſiens de la Cité avoient » été primitivement inhumés ſur la montagne, au quar- » tier dit depuis, le fauxbourg S. Jacques ; enſuite au- » tour de l'Egliſe de Saint Pierre, dite Sainte Gene- » vieve, & vers Saint Marcel, & depuis, en partie, au- » tour de celle de Saint Vincent, dite Saint Germain- » des-Prés, & aux environs de Saint Gervais ». On voit encore dans Ducheſne, *pag.* 50 *B &* 51 *A*, que Saint Martin-des-Champs avoit auſſi un Cimetiere, où Maurice, Evêque de Paris, fut enterré.

Ainſi, le Cimetiere des Saints Innocens, quoiqu'il fût à l'uſage de pluſieurs Paroiſſes & Hôpitaux, eſt mal-à-propos appelé par quelques Auteurs le Cimetiere de Paris, comme s'il fût le ſeul deſtiné aux habitans de cette Ville.

Témoignage de Guillaume le Breton.

Guillaume le Breton, qui a fait un long Poëme pour célébrer les vertus de Philippe Auguſte, (*Philippide, lib.* 1°. *apud Duſchenium* , *pag.* 103), a exalté, dans les vers ſuivans, ce que ce Prince a fait pour réparer les déſordres que l'on commettoit dans le Cimetiere des Saints Innocens.

Parisiis locus est, Campellos nomine dicunt;
In quo communi tumulantur corpora jure,
Quotquot defungi vitâ contingit in urbe.
Hic cuivis hominum suibusque patere solebat,
Spurcitiis, scopis sordens & stercore multo,
Et, quod pejus erat, meretricabatur in illo;
Et sic defunctis injuriâ magna fiebat,
Sacratoque loco quibus est tribuendus ubique;
Praecipiente Deo, timor & reverentia semper,
Huic Rex divini zelo succensus amoris,
Indignans fieri poliandro probra sacrato,
Corpora Sanctorum quo plura sepulta quiescunt;
Quadratos lapides circumdedit atque politos,
Aedificans muros in circuitu satis amplos,
Et satis excelsos, castris aut urbibus aptos;
Et sic ille sacer locus est mundatus ab omni
Sorde, datusque fuit honor ex tunc debitus illi.

Quel est, suivant cet Auteur, l'emplacement que
Philippe Auguste fit entourer de murs ? C'est sans doute
celui dont parle Rigord, c'est-à-dire, celui du Cimetiere
situé près l'Eglise des Innocens. Mais le Poëte ne dit rien
au fond de plus que l'Historien. Il exagere peut-être par
le style poétique, ce qui est raconté dans l'Histoire qu'il
veut copier. Rigord avoit dit simplement, *Praecepit ut*
totum Coemeterium circûmquâque muro lapideo clauderetur.
Guillaume le Breton, cherchant à prendre le ton de la
poésie, dit *quadratos lapides circumdedit atque politos,*
aedificans muros; mais il est sensible que le langage du
dernier revient à celui du premier. Le passage de l'un

n'eft donc pas plus concluant que celui de l'autre, pour faire attribuer aucun droit de propriété, aucun droit de feigneurie, fur le terrain du Cimetiere des Saints Innocens.

Le même Auteur, dans fon Hiftoire en profe de Philippe Augufte, (*Guill. Armoricus apud Duchef. tome 5, page 68, B, & page 73, B. C,*) déclare, au commencement de la Vie de ce Prince, que Rigord n'ayant pas achevé l'Hiftoire de ce même Prince, il n'a commencé à écrire, comme Hiftorien, qu'à l'endroit où Rigord a fini ; & que pour les temps antérieurs, il n'a eu d'autre objet que de donner l'abrégé des faits rapportés par ce Moine : *Omnia quæcumque in libello Rigordi plenariè continentur, fummatim tetigi.* Voici en effet ce qu'il en a extrait, touchant le Cimetiere dont il s'agit : *Anno ab Incarnatione 1186, Philippus Magnanimus Deo femper Sanctis operibus placere defiderans, fecit Cœmeterium publicum miræ & amœniffimæ amplitudinis in loco, qui ad Sanctum Innocentium Parifius Campellus dicitur, muro lapideo circumcingi & ornari.*

Il eft clair, par cette notice, que Guillaume le Breton, écrivant en vers, n'a voulu dire que ce qu'il a écrit en profe, favoir, que Philippe Augufte ne fit que donner ordre d'entourer d'un mur de pierres le Cimetiere des Saints Innocens, *fecit muro lapideo circumcingi & ornari.*

Eft-il donc à croire, que fi les terrains de ce Cimetiere euffent fait partie du Domaine Royal, & qu'ils euffent été donnés par Philippe Augufte, aucun des Auteurs qui font le panégyrique, ou qui chantent les vertus de ce Prince, n'eût rien dit de cette libéralité ?

Qu'en partant de-là, on prenne, dans l'ordre chronologique, les Auteurs qui ont écrit, depuis Rigord, sur les antiquités de Paris, & qu'au flambeau d'une sage critique, on examine ce qu'ils rapportent, on voit que toutes les Annales historiques qui ont suivies, sont d'accord avec celles qu'on peut appeler contemporaines, si ce n'est que dans les modernes, il s'est glissé des erreurs qu'il est facile de reconnoître.

Nicole ou Nicolas Gilles, Secrétaire de Louis XII, paroît être le premier qui, après les Auteurs contemporains, ait parlé du Cimetiere des Saints Innocens, dans ses Annales ou Chroniques de France, auxquelles Denys Sauvage, Belleforest, & quelques Anonymes, ont fait des additions, & que Gabriel Chappuis a continuées jusqu'à l'année 1585. Il dit qu'en 1182, Philippe Auguste *acheta* un marché pour les malades de Saint Ladre ; qu'il les fit venir dans les Champeaux ; qu'il fit bâtir les Halles, & *clorre le Cimetiere des Saints Innocens.*

Que conclure de ce témoignage, si ce n'est ce qu'on a déja conclu de ceux de Rigord & de Guillaume le Breton ?

Gerard Dubois, qui mourut le 15 Juillet 1696, en parlant du Cimetiere des Saints Innocens, dans son Histoire de l'Eglise de Paris, qu'il composa à la priere de M. de Harlai, Archevêque de cette Ville, *tome 2, page* 146, rend plus fidelement que tout autre le passage de Rigord qu'il cite pour autorité : *Erat Parisiis locus qui Campellus seu Campelli dicebatur, propè*

*Ecclefiam Sanctorum Innocentium, publicumque Urbis Cœ-
meterium, locus olim extrà Urbem erat. Solebant quippè ve-
teres extrà Urbium Oppidorumque ambitum fepelire mortuos, non intrà pomœrium Urbium, nedum in bafilicis,
quæ fidelium precationibus deftinatæ funt, ne Urbium
vicos, ædefque facras fetoribus cadaverum inficerent. Ve-
rùm auctâ urbe, extructifque extrà infulam ædificiis, Cœmeterium, quod primum per Campellos fefe diffundebat, domi-
bus viçifque coarctatum eft, cùm tamen locus patens effet &
apertus, & obvius cuilibet, quo ætiam tanquam foro publico,
ad vendendas & emendas merces fine loci reverentiâ plebs
uti folebat, cúmque locus ita redituque circumcurfantium
lutofus effet, adeo ut mortui in loco quietis haud quietè
agerent, Rex, puto monitis Mauritii Epifcopi excitatus,
Cœmeterium claudi juffit & circùm portas adjici, quæ qui-
dem interdiu pro efferentium corpora paterent opportuni-
tate, fed noctu clauderentur.*

On voit que l'Auteur de l'Hiftoire de l'Eglife de Paris,
prenant pour guide, dans fon début, Guillaume le Breton, *Erat Parifiis locus qui Campellus feu Campelli di-
çebatur*, revient enfuite à Rigord, d'après lequel il dit
que le Roi fit fermer ce Cimetiere, *Claudi juffit & circùm
portas adjici.*

Paffages de Dom Felibien.

Dom Michel Felibien, qui eft mort en 1719, fait
plus que Dubois. Ayant fans doute fous les yeux, la Sentence du Prévôt de Paris, du 23 Décembre 1371,
l'Arrêt confirmatif de cette Sentence, du 29 Janvier
1372, & quelques autres pieces qu'il a recueillies, il ne
s'eft pas borné au récit de Rigord & de Dubois. Après
avoir

avoir dit, dans son *Hiſtoire de la Ville de Paris*, ache-
vée par Dom Lombineau, tome 1, *livre* 5, *page* 209 &
ſuivantes, « qu'un autre avantage que Philippe Auguſte
» procura, peu après, fut à l'égard du Cimetiere commun,
» qui, ſuivant l'ancien uſage de faire enterrer les morts
» hors des Villes, occupoit une partie du lieu appelé
» Champeaux, joignant l'Egliſe des Saints Innocens ;
» que ce Cimetiere public étoit reſté juſques-là ſans clô-
» ture, ouvert à tous paſſans, aux bêtes comme aux
» hommes, ſans nulle diſtinction qui empêchât de le
» confondre avec le lieu le plus profane ; que le Roi,
» bleſſé d'une telle indécence, le fit enclorre de hautes
» murailles de pierre, avec autant de portes qu'il fut jugé
» néceſſaire, & qui fermoient, toutes les nuits » ; il ajoute
» ce qui ſuit : « l'uſage établi d'abord, *& la juriſprudence*
» *des Arrêts enſuite, ont confirmé les droits que diverſes*
» *Egliſes prétendent ſur ce Cimetiere, qui étoit autrefois*
» *dans la cenſive du Roi, & peut-être auſſi en partie dans*
» *celle de l'Evêque de Paris ; car on trouve un acte de l'an*
» *1218, par lequel Pierre de Nemours, Evêque de Paris,*
» *accorde une place ſituée auprès de la Terre de Guillaume*
» *Deſmonts, à l'Egliſe de Saint Germain-l'Auxerrois, pour*
» *augmenter le Cimetiere de cette Egliſe,* qui ne peut être au-
» tre que celui des Innocens, alors unique dans tout Paris ;
» car il n'eſt plus mention de ceux de Saint Paul & de
» Saint Georges ». Il ajoute encore : « Autrefois l'Evê-
» que percevoit l'honoraire de toutes les ſépultures qui
» ſe faiſoient à ce Cimetiere ; mais après que la Chef-
» cerie eût été réunie au Chapitre de Saint Germain, &
» attachée à la dignité du Doyen, le Doyen & le Cha-

R

» pitre de Saint Germain-l'Auxerrois ont commencé,
» en vertu de cette donation, à recevoir & appliquer à
» leur profit, les aumônes & oblations qui fe faifoient
» pour l'ouverture de la terre, dans le Cimetiere des
» Saints Innocens ; fur quoi nous venons de voir le dif-
» férend qu'ils ont eu avec l'Hôpital de Sainte Cathe-
» rine, & comment il fut terminé ».

La premiere partie de ce paffage n'étant prefque que
la traduction de celui de Dubois, n'offre que les mêmes
réflexions. Mais que d'équivoques & d'erreurs même, dans
la feconde partie ?

D'un côté, quels font les Arrêts *qui ont confirmé les
droits que diverfes Eglifes prétendent fur ce Cimetiere ?*
Felibien veut fans doute parler de la Sentence du 23
Décembre 1371, de l'Arrêt du 29 Janvier 1372, & peut-
être auffi des Arrêts du Parlement, des 9 Août 1567,
1 Avril 1559, 10 Mars 1573 & 21 Mars 1659. Mais,
s'il avoit combiné ces jugemens & Arrêts, fi fur-tout,
il avoit lu l'Arrêt du 9 Août 1567, ne fe feroit-il pas
expliqué autrement ? N'auroit-il pas reconnu, que le Chapitre de Saint Germain étoit feul propriétaire foncier &
Seigneur direct des terrains du Cimetiere des Saints Innocens , à la différence de l'Hôpital de Sainte Catherine
qui n'avoit dans ce Cimetiere, que de fimples Droits, appelés Droits *de foffoyage*, Droits d'inhumation & de fépulture , qui n'étoient pas de véritables Droits fur le
Cimetiere même ?

Felibien connoiffoit donc mal les titres du Chapitre
de Saint Germain-l'Auxerrois. Que fon langage eût été
différent, s'il eut vu, s'il eut examiné ces titres, & fur-

tout les Arrêts du Confeil des années 1669, 1670, 1677, 1684 & 1685, avec la Sentence de la Chambre du Tréfor, du 18 Mai 1675, & le procès-verbal de bornage de 1704!

D'un autre côté, où cet Auteur a-t-il trouvé, que *le Cimetiere des Saints Innocens, étoit autrefois dans la cenfive du Roi?* N'auroit-il pas adopté cette idée, d'après le fyftême que les Adminiftrateurs & Religieufes de l'Hôpital de Sainte Catherine avoient élevé & foutenu, lors des Arrêts du Confeil de 1669, 1670, 1677 & 1684, en difant, que la Seigneurie directe du terrain du Cimetiere des Saints Innocens, appartenoit au Roi? Mais il a été ci-deffus démontré, que nos Rois n'avoient aucune propriété, aucune Seigneurie, dans le Quartier des Halles, & que ce qu'ils y ont éu, dans la fuite, ne leur eft parvenu que par voie d'acquifition, & que longtemps après l'établiffement du Cimetiere des Saints Innocens.

Auffi, Dom Felibien ne s'exprime-t-il, comme il le fait, qu'en parlant au hafard. Il ne cite aucune autorité: Il ne fait que confondre les temps & les objets: Il n'avoit pas étudié à fond les Chartres: Il femble que celle même de 137, qui eft cependant rapportée, *tom. III,* 1er *des preuves & pieces juftificatives, page* 53, lui fut inconnue, puifqu'elle lui auroit appris que le Roi n'avoit établi un marché, *in Campiaux,* fuivant l'expreffion barbarbare de la Chartre, expreffion vraifemblablement mife à la place de celle-ci, *in Cambio,* qu'à la charge de payer un cens à l'Eglife de Saint Denis de la Chartre. Il a fi peu de points fixes, à cet égard, qu'après avoir dit, que *le Cimetiere étoit autrefois dans la cenſive du Roi*, il ajoute, *& peut-être auſſi en partie, dans celle de l'Evêque de Paris ;* en preuve de quoi il cite l'aƈte de 1218, par lequel Pierre de Nemours accorde une place à l'Egliſe de Saint Germain-l'Auxerrois, pour *augmenter* le Cimetiere.

Sur quoi l'on obſervera, qu'il peut ſe faire que l'E-gliſe de Paris eût, dans l'origine, une partie du terrain que contient le Cimetiere des Saints Innocens ; ce que rend aſſez vraiſemblable la Chartre d'aſſociation de 1222. Et que réſulteroit-il de là, ſi ce n'eſt que le Chapitre de Saint Germain-l'Auxerrois ſeroit devenu propriétaire & Seigneur direƈt de cette portion , comme il l'étoit déja du ſurplus ?

Enfin, tout ce qu'il plaît à Dom Felibien d'alléguer, touchant la perception primordiale des honoraires pour les ſépultures, dans le Cimetiere des Saints Innocens, & concernant la maniere dont il prétend que cette per-ception eſt venue au Chapitre de Saint Germain, par l'effet de la réunion de la Chefcerie, n'a pas plus de fondement, plus d'appui que ce qui regarde la cenſive du Roi. Il n'eſt aucun monument qui puiſſe ſervir à juſ-tifier de pareilles aſſertions. Le fait eſt que la Chefcerie a été donnée au Chapitre de Saint Germain par Thibaut, Evêque de Paris, mort en l'an 1157 ; d'où il ſuivroit déja, que long-temps avant Philippe Auguſte, ce Cha-pitre auroit eu des Droits dans le Cimetiere des Saints Innocens. Mais il eſt conſtant que la Chefcerie ne don-noit d'autre droit, que celui de percevoir les oblations en cire, comme il eſt prouvé par l'ordonnance de Bar-thélemi, Evêque de Paris de l'an 1224. Ainſi l'induƈtion tirée de la réunion de cette Chefcerie, porte abfolument à faux.

Il faut conclure de ces obfervations, que Felibien auroit mieux fait de s'en tenir au récit de Rigord, & qu'en voulant y ajouter, il a mis, fur plufieurs points, la fable à la place de la vérité.

On a cru devoir entrer dans cette difcuffion, parce qu'il eft évident, que les Adminiftrateurs du Domaine dont le fieur Infpecteur - Général analyfe le mémoire dans fa requête, fe font particuliérement attachés à copier Felibien.

Sauval fait fur les Ecrivains précédens, des commentaires qui produifent de nouvelles erreurs, en augmentant celles qui commençoient à prendre cours.

Paffage de Sauval.

Et d'abord, *pag. XX*, *tom.* 1, il remonte jufqu'aux temps où la ville de Paris étoit encore fous la domination Romaine. Là, il parle vaguement de l'ufage d'enterrer les morts, le long des grands chemins. Enfuite il dit qu'auffi-tôt que Paris eut des Rois, & que le Chriftianifme y fut établi, les inhumations commencerent à fe faire dans les Eglifes auffi-bien que dehors ; mais que la ville étant devenue plus peuplée, il fallut avoir des Cimetieres publics, & qu'alors on bénit celui des Saints Innocens, qui fut appelé le Cimetiere de cette ville.

Il fait un pas de plus, *à la page* 24. En racontant les dépenfes faites par Philippe Augufte, pour l'embéliffement de Paris, il ajoute que la feconde de ces dépenfes « eft » le Cimetiere des Saints Innocens, que ce Prince en- » vironna de fortes murailles & de bonnes portes ; &

» la troifieme celle des Halles qu'il fit bâtir, pour toutes
» fortes de marchands & de marchandifes ».

Il entre dans un plus grand détail, à ce fujet, *page* 358
du même tome. Il rapporte, en cet endroit, « *qu'en* 1180,
» le Cimetiere des Saints Innocens, fut clos & muré par
» ordre de Philippe Augufte ; qu'il fut pris & enclos une
» partie d'un emplacement appelé *Champeaux*, où fe ven-
» doient pour lors des beftiaux ; qu'il le fit bâtir, pour
» éviter le mauvais air & la corruption des corps morts ;
» & que plufieurs Paroiffes ont droit de faire enterrer
» leurs Paroiffiens dans ce Cimetiere, comme Saint
» Euftache, Saint Germain - l'Auxerrois, Saint Sau-
» veur, &c ».

Et puis, interprétant bien plus arbitrairement encore que
Felibien, la Sentence du Prévôt de Paris, du 23 Décembre 1371, & l'Arrêt du Parlement du 29 Janvier 1372,
il s'exprime ainfi : « La Fabrique des Saints Innocens n'eft
» qu'en partie *propriétaire de ce Cimetiere*, conjointe-
» ment avec MM. les Doyen & Chapitre de Saint Germain-
» l'Auxerrois, les Hofpitalieres de Sainte Catherine,
» & l'Hôtel-Dieu de Paris ».

Enfin, page 359 *ibidem*, il termine fon récit, en
obfervant « qu'il a trouvé, du côté de la rue de la Fé-
» ronnerie, fur *la terre de MM. de Saint Germain-l'Auxer-*
» *rois*, ce qui fuit :

> *Ce Charnier, fait & donné à l'Eglife pour amour de*
> *Dieu, l'an 1399 ; veuillez prier Dieu pour les*
> *Trépaffés.*

Au surplus, Sauval ne rapporte & ne cite même aucune piece justificative, aucune sorte d'autorité.

Ainsi, à l'exception de ce qu'il dit, touchant l'ordre donné par Philippe Auguste, pour la clôture du Cimetiere des Saints Innocens, & de ce qu'il atteste, comme témoin oculaire, presque tout le reste de son récit n'est qu'allégation.

Et, en effet, que de choses par lui hasardées ! Que d'assertions erronées ! Que de contradictions ! Où a-t-il pris que le Cimetiere des Saints Innocens fut béni, *sous nos premiers Rois,* pour être le Cimetiere de Paris ? Où a-t-il vu, qu'en 1180, Philippe Auguste le fit bâtir sur l'emplacement appelé Champeaux ? Sur quel fondement avance-t-il, que la Fabrique de la Paroisse des Saints Innocens, que les Hospitalieres de Sainte Catherine & même l'Hôtel-Dieu, étoient *propriétaires* de ce Cimetiere, conjointement avec le Chapitre de Saint Germain-l'Auxerrois ? Le monument qu'il cite, *à la page* 359, comme ayant été par lui vu, *sur la terre de ce Chapitre,* ne devoit-il pas lui suffire pour le détromper touchant cette prétendue co-propriété ?

Le Commissaire Lamarre, *dans son Traité de la Police, tome I, pag.* 75 *&* 76, va encore plus loin. Après avoir parlé des Jardins & Courtilles du Temple, de Saint Martin, Saint Magloire, de la Culture-l'Evêque, & autres, il assure « qu'il y avoit une *certaine éten-* » *due de terre du Domaine du Roi,* qui se trouve nommée » dans les anciens titres latins, *Campela,* en françois,

Passage du Commissaire Lamarre.

» *Champeaux*, ou les petits champs. C'eſt dit-il, *une par-*
» *tie de cette étendue que nos premiers Rois donnerent pour*
» *y faire le Cimetiere de Paris*, n'étant pas permis, en
» ce temps, d'enterrer dans les Villes. Sur une autre
» partie, ſe tenoit le marché aux beſtiaux. Ce Cimetiere
» & ce marché furent placés en cet endroit, parce qu'il
» étoit ſitué entre la Cité, la Ville, les Bourgs de
» Saint Germain-l'Auxerrois, la Culture-l'Evêque, & le
» Bourg-l'Abbé, au milieu & aſſez proche de tous ces
» lieux. Philippe Auguſte fit bâtir dans ce marché, deux
» grandes Halles qu'il fit clorre, & y transféra une
» foire qu'il acheta des Religieux de Saint Lazare, l'an
» 1183; & il fit auſſi clorre de murs le Cimetiere de la
» Ville, aujourd'hui des Saints Innocens ».

On le voit clairement, Lamarre tranche tout, de ſa ſeule & propre autorité; car il n'en cite non plus aucune. Il n'avoit vraiſemblablement lu, ni Rigord ni Guillaume le Breton, ni même Dubois : Il ne ſe laiſſe pas même arrêter par ce qui retient encore Felibien & Sauval. Quelle foi donc peut-il mériter? eſt ce ſur la parole d'un Auteur du dix-huitieme ſiecle, qu'il faut juger de ce qui étoit & de ce qui s'eſt paſſé, au douzieme?

L'Abbé le Beuf eſt plus meſuré, plus ſage. Voici en quels termes il s'explique, *dans ſon Hiſtoire de la Ville de Paris*, tome I, page 82 & ſuivantes. « Le Cimetiere
» des Saints Innocens, eſt devenu célebre, à cauſe qu'il
» étoit celui du Bourg de Saint Germain, & de ſes dé-
» dépendances, *avant qu'il y exiſtât un Chapelle ou Egliſe*
de

» *des Saints Innocens* (a). Il n'étoit cependant pas le plus
» ancien de Paris ; car les corps des Parifiens de la Cité
» avoient été primitivement inhumés fur la montagne,
» au Quartier dit depuis le Fauxbourg Saint - Jacques ,
» enfuite autour de l'Eglife Saint Pierre , dite Sainte
» Genevieve , & vers Saint Marcel , & depuis en partie,
» autour de celle de Saint Vincent , dite de Saint Ger-
» main-des-Prés , & aux environs de Saint Gervais. Mais
» la facilité du tranfport, donna par la fuite de la vogue
» à ce Cimetiere du Bourg Saint-Germain. J'ai vu le
» teftament d'une Bourgeoife de l'an 1247 , laquelle légue
» *quatuor inclufis* 20 *folid.* , c'eft-à-dire , à des reclufes ;
» plus bas , *Fabricæ Innocentium XII denar. Fabricæ*
» *Cœmeterii Innocentium ,* 10 *folid.* . . . .
» . . . .
» Ceux qui fe font quelquefois arrêtés à confidérer les
» Epitaphes de ce lieu, ont dû y remarquer, que fur pref-
» que toutes , on lit *qu'elles ont été* pofées, de la per-
» miffion de *MM. du Chapitre de Saint Germain-l'Auxer-*
» *rois.* Il eft fûr qu'il y a eu , en 1224 , une tranfaction
» de Guillaume de Varzy, Doyen de cette Eglife, au
» fujet de ce Cimetiere , & que *les Droits du Chapitre*
» *fur ce lieu,* furent confirmés par le Parlement, le 9
» Août 1567 , ... Il n'eft point befoin d'ob-
» ferver, que ce Cimetiere étant *fur le territoire de Saint*
» *Germain, Paroiffe primitive de tout le Quartier ,* fes

(a) Cette Eglife n'a été fondée que vers le milieu du douzieme fiecle.

» Habitans furent les premiers qui y reçurent la fépul-
» ture ; enfuite ceux des Paroiffes formées de fes dé-
» membremens : ce qui a été étendu à d'autres , & no-
» tamment aux Hôpitaux. Le Chapitre de Saint Germain
» *fut maintenu , en* 1534 (contre les Marguilliers des Saints
» Innocens) dans la poffeffion de mettre & deftituer
» les foffoyeurs , même pour les foffes des fideles au-
» tres que les Paroiffes de Saint Germain , Saint Eufta-
» che , Saint Sauveur ».

L'efprit de critique a du moins dirigé l'Abbé le Beuf.
Il n'a pas tout dit , parce qu'il n'avoit pas confulté
les archives du Chapitre de Saint Germain - l'Auxerrois; mais il s'eft donné de garde d'adopter les opinions
verfatiles des Ecrivains modernes, & en fe tenant attaché aux anciens, il a rappelé la vérité qui s'éloignoit,
de plus en plus.

Jaillot, Quartier des Halles, *tome II* , *page* 15 *& fui-*
vantes , s'eft donné un peu plus de carriere. « Le Cime-
» tiere des Saints Innocens eft , dit-il , de l'antiquité
» la plus reculée. Perfonne n'ignore que chez les Ro-
» mains, on ne donnoit point aux morts la fépulture
» dans les Villes, mais fur les grands chemins ou dans
» les champs qui en étoient voifins. Les Chrétiens fe
» conformerent à cet ufage. Il n'y eut, dans les premiers
» temps , que les Rois, les Princes , les Evêques &
» les Abbés qui furent enterrés dans les cryptes des
» bafiliques , ou dans les oratoires qu'on avoit bâtis au-
» près , &c.

» Le Cimetiere, pour la partie feptentrionale de Paris,

» défignée fous le nom de Ville , avoit été établi fur
» le territoire de Champeaux, à une petite diftance de
» l'enceinte. Il fervoit pour les Paroiffiens de Saint
» Germain, & devint enfuite commun aux Paroiffes
» qui en furent démembrées. Celles de Saint Chriftophe
» & de Sainte Marine, l'Hôpital de Sainte Catherine
» & l'Hôtel-Dieu y eurent auffi le droit de Sépulture.
» Ce Cimetiere étoit un lieu ouvert de toutes parts.
» L'afyle de la paix étoit devenu celui du tumulte , par
» lé paffage & le bruit continuel qu'occafionnoit le voi-
» finage des Halles, où fe tenoient les foires & les mar-
» chés : les cendres des morts étoient foulées aux pieds ,
» par les hommes & par les animaux les plus vils, fouillées
» par les immondices , & (ce qui fait frémir d'horreur)
» profanées par le crime. *Philippe Augufte, pour remédier*
» *à ces défordres , fit environner ce Cimetiere de murs ,*
» *& le fit fermer de portes qui ne s'ouvroient que lorfque*
» *le befoin le requéroit.* M. Piganiol dit , que ce fut,
» vers l'an 1188 ; & il cite , mal-à-propos, Guillaume le
» Breton pour fon garant : cet Hiftorien , ainfi que
» Rigord, en place l'époque en 1186, & nos meilleurs
» Auteurs fe font conformés à cette date. Le nombre
» d'habitans s'étant augmenté par la nouvelle enceinte,
» il fallut agrandir le Cimetiere. Au mois de Juin 1218 ,
» Pierre de Nemours, Evêque de Paris, donna, pour
» cet effet, au Chapitre de Saint Germain , une place
» qui lui appartenoit, *du côté de la Halle* , & qui fut em-
» ployée à cet ufage ».

Cette notice donnée par Jaillot , n'eft , dans la premiere partie, que le fommaire de ce que d'autres Ecri-

vains avoient dit fur l'ufage primitif des inhumations &
fépultures ; & la deuxieme partie fe rapproche fi fort
du récit de Rigord , & des vers de Guillaume le Breton ,
avec l'addition du don fait par Pierre de Nemours , en
1218 , qu'on ne peut que louer cet Auteur d'avoir mis
à l'écart Sauval & Lamarre.

Telle eft la fuite des Annales les plus connues de la
Ville de Paris, dans lefquelles on peut puifer des notions,
fur le Cimetiere des Innocens.

Ce n'eft que par cette analyfe exacte & réfléchic,
qu'on peut parvenir fûrement à la découverte du vrai.

Philippe Augufte donna ordre que le Cimetiere des
Saints Innocens fût fermé d'un mur de pierres , & qu'on
y fît des portes fuffifantes pour fa clôture : *Præcepit ut
totum Cœmeterium circumquâque muro lapideo clauderetur,
& portæ fufficientes ipfi muro aptarentur.* Voilà le fait tel
qu'il eft attefté par l'Ecrivain contemporain. C'eft auffi
le fait, le feul fait qu'on puiffe appeler celui de la vérité. Tout le refte n'eft qu'un flux & reflux d'opinions,
de conjectures & d'allégations , où le vrai ne peut avoir
nulle confiftance , nul appui.

Toute la queftion , vis-à-vis du fieur Infpecteur-Général du Domaine, d'après les citations qu'il fait, fe réduit
donc à ce feul point. L'ordre donné , en 1186 , par Philippe Augufte , pour faire entourer d'un mur de pierres
le Cimetiere des Saints Innoçens, eft-il un titre fuffifant

pour faire déclarer, en 1786 , que la propriété fonciere & la Seigneurie directe fur l'emplacement de ce Cimetiere, appartiennent à Votre Majefté ?

C'eft fans doute aux Hiftoriens qui vivoient, fous le regne de Philippe Augufte, & non pas à ceux du dix-huitieme fiecle, à réfoudre le problême. Or les premiers en donnent une folution bien différente de celle des derniers. Il faut donc en revenir à ce que les titres du Chapitre de Saint Germain-l'Auxerrois font connoître de l'établif-fement primitif du Cimetiere des Saints Innocens, favoir, que l'emplacement de ce Cimetiere, étoit, dans l'origine , un terrain qui faifoit partie de la dotation de ce Chapitre , & que ce même Chapitre en eft toujours demeuré pro-priétaire foncier & Seigneur direct.

Tout ce qu'on pourroit dire, dans l'ordre des conjec-tures, ce feroit, comme l'obfervent l'Abbé le Beuf, *Hif-toire de la Ville de Paris* , *tome I* , *page* 83 , & Jaillot, *Quartier des Halles* , *tome II*, *page* 16, que ce fut d'a-bord un Cimetiere deftiné aux Paroiffiens de l'Eglife de Saint Germain-l'Auxerrois , & qu'il devint enfuite com-mun à d'autres Paroiffes.

Mais, outre que cette idée fuffiroit feule pour exclure celle de tout droit du Domaine , il n'en feroit pas moins vrai , que d'après les titres rapportés par les Supplians, la propriété fonciere & la Seigneurie directe qu'ils récla-ment , ne pourroient leur être conteftées.

Il réfulte de ces obfervations, fur le premier chef des affertions & citations, que tous les raifonnemens tirés, foit de la dénomination des *Champeaux*, foit de *l'établiffement des Halles*, foit des *ordres donnés par Philippe Augufte*, pour la clôture plus exacte du Cimetiere des Saints Innocens, pêchent également par le fait & par le droit; de forte que quiconque réunira l'attention & l'amour de la vérité, comme le fieur Infpecteur-Général du Domaine, ne pourra fe difpenfer de reconnoître l'inutilité de ces raifon‑ nemens, fur-tout en matiere de droits de propriété & de Seigneurie.

SECOND CHEF D'ASSERTIONS ET DE CITATIONS

Concernant la Chartre de 1218.

Le fieur Infpecteur - Général du Domaine n'ayant pas connoiffance des titres que rapportent les Supplians, fe trouve forcé de marcher au milieu des in‑ certitudes. » Il eft vrai, dit - il, que Felibien prétend » que, dans la fuite, on a réuni au Cimetiere des Saints » Innocens, un terrain appartenant à l'Evêque de Paris, » & qu'il rapporte un acte de 1218, qui prouve cette » affertion ; mais, ajoute le fieur Infpecteur-Général du » Domaine, rien ne prouve la contiguité de ce terrain » & de ce Cimetiere. Selon lui, il y avoit à Paris, dit‑ » il, d'autres Cimetieres, & les tenans & aboutiffans » du terrain concédé par l'acte de 1218, & énoncés » dans ce titre, ne juftifient nullement que ce terrain » fût placé dans le même lieu que le Cimetiere des Saints » Innocens »,

RÉPONSES. Les Auteurs du *Gallia Christiana* , après avoir rapporté , à l'article de Garnier , *Garnerus* , dixieme Doyen du Chapitre de Saint-Germain, que Pierre, Evêque de, Paris , fit conceffion à l'Hôpital des pauvres Ecoliers de Saint Nicolas du Louvre , d'un Cimetiere & d'une Chapelle , fauf le droit Paroiffial de l'Eglife de Saint Germain-l'Auxerrois , ajoutent , que l'année fuivante, le même Evêque donna à cette Eglife de Saint Germain, une place pour l'augmentation du Cimetiere , *ad Cœmeterium augmentandum.* La généralité des termes de l'acte 1218 , fembleroit laiffer quelque chofe à deviner ; mais le fens de ces termes eft reftreint par ceux qui difent que la conceffion a été faite à l'Eglife de Saint Germain-l'Auxerrois. Cette Eglife n'avoit d'autre Cimetiere que celui des Saints Innocens. Il feroit donc affez vraifemblable, que c'eft de l'augmentation de ce Cimetiere qu'il doit être queftion, dans la Chartre de 1218. Au furplus , cette Chartre , loin de contrarier les titres que les Supplians repréfentent , ne pourroit fervir qu'à les appuyer davantage , puifque s'il s'agiffoit du Cimetiere des Saints Innocens , cette augmentation même fuppoferoit la préexiftence du principal.

TROISIEME CHEF D'ASSERTIONS ET DE CITATIONS , *Concernant les oblations , dans le Cimetiere des Saints Innocens.*

Le fieur Infpecteur - Général du Domaine expofe , d'après la Sentence du Prévôt de Paris , du 23 Décembre 1371 , & l'Arrêt du Parlement , du 29 Janvier 1372 ,

que la perception des droits pour l'ouverture des foſſes & pour les ſépultures, dans le Cimetiere des Saints Innocens, eſt devenue le titre, à la faveur duquel, par la ſuite des temps, le Chapitre de Saint Germain-l'Auxerrois a voulu s'attribuer la propriété fonciere & la ſeigneurie directe ſur ce Cimetiere. Or, ajoute-t-il, « des rétri-
» butions qui n'étoient d'abord que des aumônes, &
» qui depuis ont été converties en droits exigibles,
» n'ont pu former, en faveur de ceux qui en jouiſſent,
» un pareil titre ». Il argumente encore de la réunion de la Chéfecerie au Doyenné de l'Egliſe de Saint Germain, pour établir la même theſe.

<table>
<tr><td>Réponſes du Chapitre.</td><td>

RÉPONSES. On ne remontera pas ici à l'ancien ordre ſuivant lequel, non-ſeulement les oblations des Fideles, mais encore tous les revenus de l'Egliſe étoient entre les mains des Evêques, qui en faiſoient la diſtribution & l'emploi, ſuivant les regles canoniques. On remarquera ſeulement que, dans le quatorzieme ſiecle, lors de la Sentence de 1371, & de l'Arrêt de 1372, cet ordre primitif n'étoit plus obſervé, & que chaque Corps Eccléſiaſtique, chaque Bénéficier, chaque Curé, avoit alors ſes revenus propres, & en jouiſſoit par lui-même. On ne s'arrêtera pas davantage à ce qui concerne la réunion de la Chéfecerie. Il ſuffira de rappeler, qu'elle a été donnée au Doyenné de Saint Germain, par Thibault, Evêque de Paris, mort en 1157, & confirmée par les Evêques Pierre Lombard & Maurice; & que, ſuivant l'Ordonnance de Barthélemi, Evêque de Paris,

</td></tr>
</table>

de

de l'an 1224, c'étoit la cire feule qu'elle attribuoit au Doyen de Saint Germain.

L'emplacement du Cimetiere des Saints Innocens fait-il partie du Domaine Royal ? Tel eſt l'objet auquel il faut s'attacher.

Or, il eſt évident que les raiſonnemens qu'on oppoſe, ne prouvent & ne peuvent rien prouver, à ce ſujet.

D'un côté, quand même, ſoit à la faveur des oblations & droits dont il s'agit, ſoit par quelqu'autre voie ſemblable, le Chapitre de Saint Germain-l'Auxerrois ſe feroit fait reconnoître propriétaire foncier & Seigneur direct des terrains du Cimetiere des Saints Innocens, dès que Votre Majeſté n'a aucun intérêt, aucun droit ſur ces terrains, quel feroit le titre du ſieur Inſpecteur-Général du Domaine, & que pourroit-il oppoſer ?

D'un autre côté, eſt-il donc vrai, & même y a-t-il la moindre vraiſemblance, que le Chapitre de Saint Germain-l'Auxerrois n'ait eu, dans le principe, pour fonder ſon droit de propriété fonciere & de Seigneurie directe, ſur le terrain du Cimetiere des Saints Innocens, que les rétributions payées pour l'ouverture des foſſes & pour les inhumations dans ce Cimetiere ?

La fondation de l'Egliſe de Saint Germain-l'Auxerrois, dont le territoire s'étendoit dans toute la partie ſeptentrionale de la Ville de Paris ; les monumens qui atteſtent que cette Egliſe fut, dès ſon origine, une Egliſe Canoniale & Paroiſſiale en même temps ; la néceſſité qu'il y eut pour cette Egliſe, d'avoir dès-lors un

T

Cimetiere ; les Annales de Paris , qui juſtifiént qu'en effet, ce Cimetiere exiſtoit, long-temps avant le regne de Philippe-Auguſte ; l'établiſſement ſucceſſif des Paroiſſes de Saint Euſtache, de Saint Sauveur, de Sainte Opportune, des Saints Innocens, & autres, par le démembrement de celle de Saint Germain-l'Auxerrois ; l'uſage du Cimetiere de l'Egliſe matrice, accordé, ſous toutes réſerves des droits de propriété & de ſeigneurie, ainſi que des droits de *foſſoyage* & d'inhumation, à ces diverſes Paroiſſes qui forment une circonſcription locale, par laquelle ce même Cimetiere ſe trouve comme au centre de toutes les Filles de l'Egliſe Mere ; les titres de 1224, des 18 Avril 1449, 5 Mars 1574, 29 Mars 1583, 31 Décembre 1610, 3 Juin 1625, 10 Mai 1641, & 15 Septembre 1643 ; les Sentences de Police, des 11 Septembre 1614, & 27 Octobre 1615 ; les déclarations cenſuelles & les enſaiſinemens, 1°. des premier Février 1658, 20 Juin 1665, 12 Septembre 1721, 23 Janvier 1743, & 11 Mars 1776 ; 2°. des 25 Avril 1715, 18 Juillet 1722, 29 Août 1760 ; 3°. des 12 Août 1722, 22 Mai 1723, 31 Décembre 1726, 5 , 31 Mai & 6 Août 1743, 20 Juin 1759, 23 Juillet 1778 ; 4°. des 17 Avril 1733 & 30 Novembre 1776 ; les Arrêts, Jugemens & Sentences, & ſur-tout les Arrêts du Conſeil, des 18 Octobre 1669, 21 Juillet 1670, 14 Juillet 1677, 16 Mai 1684, & 5 Juin 1685 ; la déclaration fournie par le Chapitre de Saint Germain, les 22 Décembre 1673 & 29 Mars 1675, au terrier de Sa Majeſté, ordonné par l'Arrêt du Conſeil, du 2 Décembre 1666, pour les Ville, Vicomté & Pré-

vôté de Paris ; la Sentence de la Chambre du Tréfor, du
18 Mai 1675, rendue contradiĉtoirement avec le Procureur
du Roi en cette Chambre ; la vérification faite d'une
maniere également contradiĉtoire, en 1676, & le procès-verbal de bornage de l'an 1704, fait & dreſſé, toujours avec le même Procureur du Roi ; tous ces titres,
ces déclarations, ces enſaiſinemens, tous ces Jugemens,
ces Arrêts, tous ces aĉtes publics qui juſtifient que,
depuis tant de ſiecles, le Chapitre de Saint Germain-
l'Auxerrois avoit la propriété fonciere & la ſeigneurie
direĉte des terrains du Cimetiere des Saints Innocens, ne
font-ils pas préſumer, ne ſuppléent-ils pas le titre primitif
de cette propriété & de cette ſeigneurie ? ou doivent-
ils le céder à un ſyſtême purement idéal, & à la ſimple
allégation par laquelle on voudroit faire entendre,
que le Chapitre de Saint Germain n'eſt devenu propriétaire foncier & Seigneur direĉt, que par une uſur-
pation conſommée, à l'aide des oblations volontaires
qu'il recevoit, dans le Cimetiere des Saints Innocens ?

Quatrieme et dernier Chef d'Assertions et de Citations.

Sans autres titres que les paſſages hiſtoriques qu'on a vus
ci-deſſus, le ſieur Inſpeĉteur-Général du Domaine conclut,
en terminant ſa requête, que « l'emplacement du Cime-
» tiere des Innocens étoit un terrain dépendant du Do-
» maine, & qu'il a été deſtiné, par Philippe-Auguſte, à

» l'inhumation des Habitans de la Ville de-Paris. Il ob-
» jecte, que la Sentence de 1371, que l'Arrêt de 1372,
» que des Réglemens poftérieurs qu'il ne cite pas, ne
» contiennent aucune difpofition qui ait pu transférer au
» Chapitre de Notre-Dame, & à l'Hôpital de Sainte Ca-
» therine, des droits de propriété & de feigneurie fur
» le terrain dont il s'agit, ces Jugemens n'ayant ftatué
» que fur le partage des rétributions payées pour l'ou-
» verture des foffes, & dont la jouiffance n'a pu opérer
» l'abdication des droits de propriété & de feigneurie ap-
» partenans à Sa Majefté ; que le terrain originairement
» concédé par Philippe-Augufte, n'a point ceffé d'être
» Domanial ; & qu'aucune prefcription n'a pu lui en-
» lever cette qualité ».

Réponfes du Cha-
pitre.

RÉPONSES. Comme on le voit, tout le fyftême que
les Supplians ont à combattre, n'a pour bafe que la
fuppofition du don fait par Philippe-Augufte, du terrain du Cimetiere des Saints Innocens, pour former un
Cimetiere commun à toutes les Paroiffes.

Mais il eft démontré, que cette fuppofition eft fans aucun
fondement ; qu'elle en eft d'autant plus dénuée, que,
long-temps avant Philippe-Augufte, le Cimetiere des
Saints Innocens exiftoit, comme il eft démontré par
Rigord, *Cæmeterium in quo tot millia virorum fepulta
jacebant ;* que jamais Philippe-Augufte, ni aucun des
Rois fes prédéceffeurs ou fucceffeurs, n'a poffédé ce
terrain, & n'en a fait conceffion, foit pour le Cimetiere
des Saints Innocens, foit pour aucun ufage public ;

qu'en un mot, jamais le terrain dont il s'agit, n'a fait partie du Domaine Royal.

Il fuit évidemment de cette difcuffion, que le Domaine n'a nul droit de propriété fonciere, nul droit de feigneurie directe, fur l'emplacement du Cimetiere des Saints Innocens, &, par conféquent, qu'il n'eft point de demande plus mal-fondée, que celle qui tend à ce que cette propriété & cette feigneurie foient déclarées appartenir à Votre Majefté.

RÉCAPITULATION.

Tous les nuages font donc diffipés, & le vrai réfultat de cette affaire, eft que le Chapitre de l'Eglife de Paris, comme étant fubrogé aux droits de celui de Saint Germain-l'Auxerrois, eft feul Propriétaire foncier, feul Seigneur direct des terrains du Cimetiere des Saints Innocens, ainfi que des Charniers qui entourent ce Cimetiere.

Dans l'ordre des faits, fe préfente & fe développe une chaîne de monumens, de titres & de preuves, qui, depuis les temps les plus anciens jufqu'à préfent, font voir le Chapitre de Saint Germain-l'Auxerrois, & après lui le Chapitre de l'Eglife de Paris, dans la pleine & conftante poffeffion de la propriété fonciere & de la Seigneurie directe fur ces objets.

Et ce n'eft pas ici une tradition paffive ou inanimée : c'eft une tradition active & toujours vivante, qui tranf- met & foutient, d'âge en âge, par un exercice habituel

& public, les droits de l'un des plus anciens Chapitres de la Capitale, & même du Royaume : ce font des actes qui fe fuivent fans interruption, durant le cours des fiecles : ce font des titres éprouvés, pour ainfi dire, par le feu de la contradiction, & qui, après l'examen fait par des Magiftrats dont la fageffe & les lumieres ont immortalifé le nom, obtiennent la fanction la plus folemnelle du Souverain, dans fon Confeil : ce font des enfaifinemens faits avec les Officiers du Domaine Royal ; des vérifications & des reconnoiffances qui confignent tous ces titres, dans les Archives mêmes de ce Domaine : c'eft enfin un dépôt confié à l'Eglife, à fon augufte Protecteur, à la Juftice, au Public, & dont il n'eft pas moins du devoir que de l'intérêt des Supplians, de conferver les droits.

Dans l'ordre des principes & des Loix, quelles autorités plus refpectables ? Ce font les maximes les plus précieufes à la tranquillité des fujets de Votre Maiefté ; ce font les Loix qui veulent que la poffeffion foit pour l'Eglife, le titre le plus authentique & le plus certain ; loix faites par le Souverain dans les Etats généraux du Royaume ; loix qui fervent de regles à tous les Tribunaux ; loix fur la ftabilité defquelles repofent la plupart des établiffemens & des droits, foit publics, foit particuliers, & furtout les établiffemens & les droits Eccléfiaftiques.

Le fieur Infpecteur-Général du Domaine n'invoque que les opinions de quelques Hiftoriens modernes : mais, outre que ces opinions ne font pas & ne peuvent jamais former par elles-mêmes, des titres de propriété & de

Seigneurie, toutes les Annales contemporaines s'élevent contre le fyftême dont elles font l'unique appui.

Seroient-ce donc là des motifs fuffifans pour faire rejeter la réclamation du Chapitre de l'Eglife de Paris, la réclamation de l'Eglife qualifiée d'*Eglife Mere & de Paroiffe de Votre Majefté* ?

Loin des idées fi contraires aux vues de juftice & de piété, qui animent le Monarque le plus équitable & le plus religieux.

Ce n'eft pas que le Chapitre de l'Eglife de Paris fe refufe à rien de ce que Votre Majefté décidera pour l'ufage auquel fa fageffe femble vouloir qu'on emploie les terrains du Cimetiere des Saints Innocens. Il a donné, dans tous les temps, des marques fignalées de fon refpeét pour fes volontés ; il vient de manifefter encore fon zele pour l'intérêt public, en ce qui concerne les Maifons qu'il avoit, vis-à-vis la colonnade du Louvre.

Mais il fait, qu'aux yeux de Votre Majefté, il n'y a que ce qui eft jufte, qui ait droit d'être ftable & permanent. Il réclame fa propriété ; il demande, fi elle doit fervir à un autre ufage public & profane, une indemnité proportionnée à ce qui en fait la valeur : pourroit-il douter du fuccès d'une réclamation fi bien fondée ?

Soit donc que l'on paffe en revûe les titres que les Suppliäns produifent, foit même que l'on confidere les témoignages des Hiftoriens, foit que l'on confulte la légiflation du Royaume, & ce qui en fait comme la partie la plus noble & la plus facrée, fous tous ces points de vue, la demande du fieur Infpeéteur-Général du Domaine ne peut paroître que l'effet de l'erreur où il étoit, pour n'avoir pas connu les titres dont il va prendre communication ; l'Arrêt du 25 Octobre, rendu fur fa Requête, que la fuite de la même erreur ; & la réclamation du Chapitre de l'Eglife de Paris, que celle même des Loix les plus inviolables.

PIECES JUSTIFICATIVES.

Et pour juſtifier du contenu en la préſente Requête, les Supplians y joindront les Pieces fuivantes, en trois Liaſſes.

Premiere Liaſſe, contenant les Pieces qui juſtifient que le Chapitre de Saint Germain - l'Auxerrois a, dans tous les temps, fait acte de propriétaire foncier & de Seigneur direct, fur les terrains du Cimetiere des Saints Innocens.

LA premiere liaſſe contient treize pieces, qui juſtifient que le Chapitre de Saint Germain-l'Auxerrois a, dans tous les temps, fait acte de Propriétaire foncier, & de Seigneur direct fur les terrains du Cimetiere des Saints Innocens, & des Charniers qui entourent ce Cimetiere : favoir ;

La premiere eſt l'extrait en forme, de la tranſaction faite, en l'an 1224, entre le Doyen & le Vicaire perpétuel de l'Eglife de Saint Germain-l'Auxerrois, & dans laquelle on voit que dès-lors le Chapitre de cette Eglife avoit le droit d'établir les foſſoyeurs, & de percevoir les droits d'inhumation dans le Cimetiere des Saints Innocens, feul Cimetiere où il pût avoir cette perception :

La feconde eſt un Arrêt du Parlement de Paris, du premier Avril 1559, confirmatif de la tranſaction de 1224 :

La troiſieme eſt un autre Arrêt de la même Cour, du 10 Mars 1573, pareillement confirmatif de la même tranſaction :

La quatrieme eſt la copie fignifiée de la Sentence du Prévôt de Paris, du 23 Décembre 1371 :

La cinquieme eſt un extrait dûment collationné de l'Arrêt du Parlement, du 29 Janvier 1372 :

La fixieme eſt un extrait en forme de l'acte de conceſſion faite, le 18 Avril 1449, par le Chapitre de Saint Germain, comme Propriétaire

priétaire foncier, & Seigneur direct du Cimetiere des Saints Innocens :

La septieme est un extrait en forme de la conceffion faite, le 5 Mars 1574, par le Chapitre de Saint Germain, comme Propriétaire foncier & Seigneur direct du Cimetiere & des Charniers des Saints Innocens :

La huitieme est un extrait en forme, de pareille conceffion, du 29 Mars 1583 :

La neuvieme est un extrait en forme, d'une conceffion faite, le 31 Décembre 1610, par le même Chapitre, en la même qualité :

La dixieme est l'extrait en forme, de pareille conceffion, du 3 Juin 1625 :

La onzieme est l'extrait en forme, de pareille conceffion, du 10 Mai 1641 :

La douzieme est l'extrait collationné, de pareille conceffion, du 15 Septembre 1643 :

La treizieme est l'extrait en forme de la vente faite par le Chapitre de Saint Germain, le même jour 15 Septembre 1643, du deffus d'un Charnier des Saints Innocens, moyennant 12 deniers parifis de *cens*, & 35 liv. tournois de rente.

La feconde liaffe contient dix-neuf pieces, qui juftifient que, dans tous les temps, le Chapitre de Saint Germain-l'Auxerrois, & le Chapitre de Paris, fubrogé à fes droits, ont été reconnus Propriétaires fonciers & Seigneurs directs des terrains du Cimetiere & des Charniers des Saints Innocens; favoir :

En premier lieu, les pieces relatives à la conceffion faite, le 10 Mai 1641, au nombre de cinq; lefquelles font, 1°. l'enfaifinement fait par le Receveur du Chapitre de Saint Germain, le 14 Janvier 1659, d'un contrat du premier Février 1658, pour la vente de la *portion de la Maifon des Quatre-Vents, étant fur les Charniers &*

V

porte du Cimetiere des Saints Innocens; 2°. la déclaration faite, le 20 Juin 1665, par le sieur Louis Bellavoine, & par laquelle il a *reconnu tenir, à titre de cens portant lods & ventes, saisine & amende, des Doyen, Chanoines & Chapitre de l'Eglise Royale & Collégiale de Saint Germain-l'Auxerrois, le derrtere d'une Maison sise au Marché aux Poirées, pour ce qui est dessus les Charniers des Saints Innocens*; 3°. une autre déclaration du 12 Septembre 1721, au papier terrier du Chapitre de Saint Germain, par *Maurice Duvaux, pour la moitié d'une Maison au Marché aux Poirées, étant en la censive dudit Chapitre, & chargée vers lui de douze deniers parisis de cens, & de 20 liv. de rente de surcens, portant lods & ventes, saisine & amende*; 4°. autre Déclaration du 23 Janvier 1743, au même papier terrier, par les demoiselles Duvaux, à raison de la Maison ci-dessus; 5₀. une autre déclaration, du 11 Mars 1776, au papier terrier du Chapitre de l'Eglise de Paris, par le sieur Denis Godefroy, toujours à cause de cette Maison :

En second lieu, les pieces relatives à la concession faite, le 15 Septembre 1643, par le Chapitre de Saint Germain, au sieur Antoine Héron, lesquelles sont au nombre de trois; savoir, 1°. l'ensaisinement accordé par ce Chapitre, le 25 Avril 1715, à Nicolas Lefevre, pour la vente d'une Maison sise au Marché aux Poirées, rue de la Lingerie, *étant ladite Maison en la censive, tant de Sa Majesté, à cause de son Domaine,* (hors des terrains du Cimetiere & des Charniers des Saints Innocens) que des Doyen, Chanoines & Chapitre de Saint Germain-l'Auxerrois, (à cause de la partie située sur ces terrains); 2₀. la déclaration faite de cette Maison au terrier de ce Chapitre, le 18 Juillet 1722, par le même Nicolas Lefevre; 3₀. autre déclaration, du 9 Août 1760, par Marie-Catherine Lefevre, toujours pour la même Maison :

En troisieme lieu, les pieces qui se rapportent à la concession faite, le 15 Septembre 1643, par le Chapitre de Saint Germain, à Gabrielle de Lalande, veuve de Pierre Houdin, lesquelles sont au nombre de neuf; savoir, 1°. la déclaration du 12 Août 1722, par

Jean-Baptiste de Santeuil, au papier terrier du Chapitre de Saint Germain, pour une portion de Maison sise rue de la Lingerie, *étant en la censive dudit Chapitre* ; 2°. autre déclaration, du 22 Mai 1723, par Antoine Bourgeois de Nanteuil, à raison de cette Maison ; 3°. ensaisinement du 31 Décembre 1726, en faveur de Denis Roger, par le Chapitre de Saint Germain, pour la vente de la moitié de la même Maison ; 4o. autre ensaisinement, du 5 Mai 1743, au profit de sieur Nicolas-Charles Gillet, pour la vente des trois quarts de cette Maison ; 5o. autre ensaisinement fait, le 31 Mai 1743, en ces termes, par le Receveur des Domaines ; *ensaisiné par Nous, Receveur Général des Domaines & Bois de la Généralité de Paris, pour la moitié de ladite Maison seulement, relevant de Sa Majesté*, & en ces termes, par le Chapitre de Saint Germain ; *ensaisiné par Nous Doyen, Chanoines & Chapitre de Saint Germain.... pour la moitié de ladite Maison seulement, étant en notre censive* ; 6o. autre ensaisinement, du 6 Août 1743, pour une autre portion de la même Maison ; 7o. déclaration, du 20 Juin 1759, par la dame veuve Gillet & le sieur Gillet son fils, pour la portion de cette Maison étant au-dessus des Charniers des Saints Innocens ; 8o. ensaisinement, du 23 Juillet 1778, au profit du sieur Louis Gentil ; 9o. enfin déclaration du sieur Gentil, du 8 Août 1778, au papier terrier du Chapitre de Saint Germain.

En quatrieme lieu, les autres pieces de la même espece ; savoir, les déclarations faites, l'une, le 17 Avril 1733, au papier terrier du Chapitre de Saint Germain, & l'autre, le 30 Novembre 1776, au papier terrier du Chapitre de l'Eglise de Paris, pour la Maison presbytérale de la Paroisse des Saints Innocens.

La troisieme liasse contient dix-huit pieces qui justifient, que le Chapitre de Saint Germain-l'Auxerrois a été maintenu & gardé, tant vis-à-vis du Domaine Royal lui-même, que vis-à-vis des Administrateurs & Religieuses de l'Hôpital de Sainte Catherine, dans ses droits & qualités de Propriétaire foncier & de Seigneur

Troisieme Liasse contenant les Pieces qui justifient que le Chapitre de Saint Germain l'Auxerrois, a été maintenu, vis-à-vis du Domaine, dans la propriété fonciere & la seigneurie directe des terrains du Cimetiere des Saints Innocens.

direct de l'emplacement du Cimetiere des Saints Innocens, ainſi que des Charniers qui l'environnent ; ſavoir :

La premiere eſt l'extrait en forme de l'Arrêt du Parlement de Paris, du 9 Août 1567, par lequel cette Cour, *ouï ſur ce le Procureur Général du Roi, a ordonné & ordonne que leſdits du Chapitre de Saint Germain ſont & demeureront Seigneurs fonciers des Cimetiere & Charniers des Saints Innocens.*

La ſeconde eſt une Sentence du Prévôt de Paris, du 16 Décembre 1608, qui déclare le Chapitre de Saint Germain *Seigneur cenſier & foncier* du Cimetiere des Saints Innocens.

La troiſieme, du 30 Avril 1614, eſt une Sentence du Prévôt de Paris, qui *maintient* le Chapitre de Saint Germain *en poſſeſſion & jouiſſance du Cimetiere des Saints Innocens.*

La quatrieme, du 11 Septembre de la même année, eſt un Arrêt confirmatif de la Sentence ci-deſſus.

La cinquieme eſt une Sentence de Police, du 27 Octobre 1615, qui reconnoît le Chapitre de Saint Germain pour *Seigneur foncier & Propriétaire du Cimetiere des Saints Innocens.*

La ſixieme eſt une autre Sentence ſemblable, du 17 Décembre 1646.

La ſeptieme eſt la Sentence des Requêtes du Palais, du 28 Mai 1655, rendue entre le Chapitre de Saint Germain, & les *Maître, Meres & Sœurs de l'Hôpital de Sainte Catherine,* par laquelle on voit que cet Hôpital n'avoit que par conceſſion de ce Chapitre, la portion qu'il prenoit dans les émolumens des ſépultures & inhumations au Cimetiere des Saints Innocens, & que ce même Hôpital ayant conteſté au Chapitre ſes droits & ſes qualités de *ſeul Seigneur foncier dudit Cimetiere,* malgré l'Arrêt du 9 Août 1567, il fut débouté, *formâ negandi,* par le hors de Cour que porte cette Sentence.

La huitieme eſt l'extrait en forme de l'Arrêt du Parlement de Paris, du 21 Mars 1659, qui réforme en partie la Sentence ci-deſſus, & qui en ordonne l'exécution; pour le ſurplus; ce qui comprend le hors de Cour prononcé par cette Sentence.

La neuvieme eſt l'Arrêt du Conſeil d'Etat, rendu le 18 Octobre 1669, au rapport de M. *Puſſort*, & par lequel il eſt ordonné, entr'autres choſes, qu'aux *Doyen, Chanoines & Chapitre de Saint Germain-l'Auxerrois appartiendront les Maiſons qui ſeront par eux bâties ſur le terrain du Cimetiere des Saints Innocens, pour l'élargiſſement de la rue de la Féronnerie, pour en jouir à perpétuité & en pleine propriété, comme Seigneurs fonciers directs & Propriétaires, tant deſdites places & Charniers, que des Maiſons qui ſeront bâties ſur icelles.*

La dixieme eſt l'Arrêt du Conſeil d'Etat, du 21 Juillet 1670.

La onzieme eſt la groſſe de la Requête du Chapitre de Saint Germain-l'Auxerrois, répondue le 13 Septembre 1674, & ſignifiée le 14 du même mois, aux Adminiſtrateurs & Religieuſes de Sainte Catherine, par laquelle Requête on voit que ces Adminiſtrateurs & Religieuſes ne ceſſoient de ſoutenir, que *la directe & Seigneurie des terrains du Cimetiere des Saints Innocens appartenoient à Sa Majeſté.*

La douzieme eſt l'Arrêt du Conſeil d'Etat, du 21 Juillet 1677, qui a mis les Adminiſtrateurs & Religieuſes de Sainte Catherine hors de Cour, ſur leur treizieme demande, tendante *à ce qu'il fût fait défenſes au Chapitre de Saint Germain-l'Auxerrois, de prendre la qualité de Seigneur ſpirituel & temporel deſdits Cimetiere & Charniers, ni aucune autre qualité, à cet égard, que celle de Propriétaire foncier deſdits lieux, pour les deux tiers ſeulement.*

La treizieme, du 16 Mai 1684, eſt l'Arrêt du Conſeil d'Etat, qui *déboute les Adminiſtrateurs & Religieuſes de l'Hôpital de Sainte Catherine, de leurs Requêtes des 12 Novembre & 30 Décembre 1681, par la premiere deſquelles ils demandoient qu'il plût à Sa Majeſté déclarer, en tant que beſoin ſeroit, que par l'Arrêt du Conſeil d'Etat, du 18 Octobre 1669, Elle n'avoit entendu accorder aux Doyen,*

Chanoines & Chapitre de Saint Germain-l'Auxerrois , la qualité de Seigneur foncier , direct & Propriétaire , que pour raison seulement des Maisons bâties nouvellement dans la rue de la Féronnerie , & des places & Charniers où les Bâtimens avoient été faits ; & par la seconde desquelles ils concluoient, *à ce qu'il plût à Sa Majesté , en cas que leur demande en explication & interprétation de l'Arrêt du Conseil du* 14 *Juillet* 1675 *, ne fût pas trouvée suffisante, casser, en tant que besoin seroit , ledit Arrêt , en ce seulement que lesdits Chanoines & Chapitre de Saint Germain prétendoient que par icelui les Parties avoient été mises hors de Cour & de procès , sur les septieme & treizieme demandes desdits Administrateurs , Prieure & Religieuses de Sainte Catherine , contenues dans leur Requête du* 19 *Août* 1674.

La quatorzieme , du 5 Juin 1685 , est l'Arrêt du Conseil d'E-tat , par lequel on voit que les Administrateurs & Religieuses de l'Hôpital de Sainte Catherine acquiescerent enfin aux Arrêts ci-dessus.

La quinzieme , des 22 Décembre 1673 , & 29 Mars 1675 , sont les déclarations fournies par le Chapitre de Saint Germain-l'Auxerrois , au papier terrier , ordonné par Arrêt du Conseil & Lettres-Patentes , du 28 Décembre 1666 , dans l'étendue des Ville, Pré-vôté & Vicomté de Paris , en la premiere desquelles déclarations le Chapitre de Saint Germain-l'Auxerrois s'est déclaré *Seigneur cen-sier, foncier & Propriétaire des Cimetiere & Charniers des Sains Inno-cens & bâtimens au-dessus.*

La seizieme , du 18 Mai 1675 , est la grosse de la Sentence de la Chambre du Trésor , rendue contradictoirement avec le Procu-reur du Roi en cette Chambre , & par laquelle le Chapitre de Saint Germain-l'Auxerrois fut maintenu & *gardé en la possession du fief de Saint Germain, comme aussi au droit de censive , lods & ventes , saisine & amende , le cas y échéant , sur les Maisons situées dans la rue de la Féronnerie , le long du Cimetiere des Saints In-*

nocensau defquelles Maisons, eft-il dit, *ils sont Propriétaires &* *Seigneurs*, *ensemble dudit Cimetiere, Charniers d'icelui, & bâtimens* *au-deffus.*

La dix-septieme, du 31 Janvier 1676, eft le procès-verbal de vérification faite, contradictoirement avec le Procureur du Roi en la Chambre du Tréfor, pour le bornage des fiefs & cenfives appartenans au Chapitre de Saint Germain-l'Auxerrois, lors de laquelle vérification il a été reconnu, que ce Chapitre avoit droit de *cenfive fur toutes les Maifons bâties fur les Charniers & au-dedans du* *Cimetiere des Saints Innocens*; & a été ordonné en conféquence, *que fur les bornes déterminées, enfemble fur toutes les portes dudit* *Cimetiere, & fur toutes les Maifons bâties fur lefdits Charniers, &* *au-dedans dudit Cimetiere, feroient gravées les armes dudit Cha-* *pitre.*

La dix-huitieme & derniere, eft le procès-verbal de bornage des mêmes fiefs & cenfives, commencé le 22 Février 1704, & par lequel on voit que les bornes pofées aux armes du Chapitre de Saint Germain-l'Auxerrois, forment une circonfcription qui comprend tous les terrains du Cimetiere & des Charniers des Saints Innocens.

CONCLUSIONS.

A ces causes, SIRE, plaife à Votre Majefté & à Noffeigneurs de fon Confeil, recevoir les Supplians oppofans à l'Arrêt rendu, en votre Confeil, le 25 Octobre 1785, fur la Requête non communiquée du fieur Infpecteur-Général du Domaine de la Couronne, & à eux fignifié, dans la perfonne du fieur Abbé Delon, Chanoine Chambrier du Chapitre, le 5 du mois de Décembre dernier; leur donner acte de ce que, pour caufes

& moyens d'opposition, ils emploient le contenu en la préfente Requête, & aux Pieces y énoncées & jointes ; ce faifant, fans s'arrêter audit Arrêt qui fera regardé comme nul & non avenu, & fans pareillement s'arrêter ni avoir égard aux demandes, fins & conclufions prifes par ladite Requête dudit fieur Infpecteur-Général du Domaine, inférée audit Arrêt, & dans lefquelles il fera déclaré purement & fimplement non-recevable, ou dont, en tout cas, il fera débouté, comme y étant mal fondé, garder & maintenir les Supplians en leurs qualités & droits de Seigneurs directs & de Propriétaires fonciers de l'emplacement du Cimetiere des Saints Innocens, ainfi que des Charniers qui entourent ledit Cimetiere ; &, dans le cas où il plairoit à Votre Majefté ordonner que ledit emplacement dudit Cimetiere & defdits Charniers d'icelui, feroit déformais employé à un autre ufage public & profane, ordonner, audit cas, qu'après qu'il aura été procédé, fuivant les regles, à la profanation dudit Cimetiere & defdits Charniers, à l'exhumation & au tranfport des corps & offemens qui y repofent, circonftances & dépendances, ainfi qu'à l'examen des titres des Chapelles, fi aucun il y a, & des tombes, caveaux, épitaphes, & autres objets, les Supplians auront la faculté de difpofer dudit emplacement, comme d'un terrain à eux appartenant, en leurfdites qualités de Seigneurs directs & de Propriétaires fonciers d'icelui ; fi mieux n'aime Sa Majefté ordonner, qu'avant d'employer ledit terrain au nouvel ufage public & profane auquel il lui plairoit le deftiner, il fera procédé au toifé & à l'eftimation dudit terrain, comme auffi à l'eftimation des matériaux

tériaux qui font fur les lieux, le tout par Experts, &
que les prix, tant dudit terrain que defdits matériaux,
feront payés aux Supplians par qui il appartiendra, fuivant ledit toifé & lefdites eftimations; comme auffi que
ledit terrain ainfi employé, enfemble les bâtimens qui
pourront y être conftruits, feront tenus, envers les Supplians, de tous & tels droits feigneuriaux portés par la
Coutume au profit des Seigneurs cenfiers, pour être les
fommes provenantes du paiement dudit fonds, employées par les Supplians, en un autre fonds libre & amorti
à leur profit & utilité, le tout, aux offres de dédommager les Adminiftrateurs & Religieufes de l'Hôpital de
Sainte Catherine, ou tous autres qu'il appartiendra,
ainfi & de la même maniere qu'il eft ordonné par l'Arrêt du Confeil du 18 Octobre 1669, & autres Arrêts
fubféquens ; & condamner tous conteftans aux dépens
envers les Supplians qui ne ceffent d'adreffer leurs prieres
au Ciel, pour la confervation de Votre Majefté.

CONSEIL DES FINANCES.

Me RIGAULT, Avocat.